I0123505

KONSTRUKTION MANN

Herausforderungen und Perspektiven

Eine Beziehungs-Archetypologie

2020

MURRAY STEIN

CHIRON PUBLICATIONS · ASHEVILLE, NORTH CAROLINA

© 2020 von Chiron Publications. Alle Rechte vorbehalten. Kein Teil dieser Veröffentlichung darf ohne vorherige schriftliche Genehmigung des Herausgebers Chiron Publications, P.O. Box 19690, Asheville, N. C. 28815-1690, USA.

www.ChironPublications.com
Übersetzt von Werner A. Disler, Zürich April 2020

Innen- und Abdeckungsdesign von Danijela Mijailovic
Gedruckt hauptsächlich in den Vereinigten Staaten von Amerika.

Aus dem Englischen übertragen von Werner Disler

ISBN 978-1-63051-866-0 paperback
ISBN 978-1-63051-867-7 hardcover
ISBN 978-1-63051-868-4 electronic
ISBN 978-1-63051-869-1 limited edition paperback

Library of Congress Cataloging-in-Publication Data Pending

INHALTSVERZEICHNIS

Vorwort zur deutschen Ausgabe

Wenn von Archetypen die Rede ist, glauben viele, dass man sich ausschliesslich auf dem Gebiet der Symbole und der mythologischen Erklärungsebene bewege. Murray Stein zeigt in seiner Entwicklungspsychologie aber auch ihre Biopsychosozialität auf: Wie eine archetypische Stufenabfolge natürlicherweise bei idealen Voraussetzungen ablaufen kann, wie also aus einem kleinen Liebling der Mutter ein starker, autonomer, reifer Mann werden kann.

Zugleich streut er immer wieder die zahlreichen Fallstricke und Hindernisse ein, welche beim Fehlen idealer psychosozialer Bedingungen eine pathologische Entwicklung zur Folge haben und die Individuation beenden.

Das bio-psycho-soziale Menschenbild gilt seit George L. Engel international. Leben kann ohne Erkenntnis dieser Komplexität nicht verstanden werden.

Dies gilt unter anderem auch besonders für die psychische Entwicklung jedes menschlichen Wesens. Nun hat Murray Stein, der bekannte Wissenschaftler und Psychoanalytiker, in seinem neuen Buch diese Komplexität ausführlich dargestellt, indem er sich intensiv mit der psychischen Entwicklung der Männer, genauer gesagt mit dem Individuationsprozess des Mannes in seinem psychosozialen Umfeld auseinandersetzt.

Individuation geschieht entlang biologisch vorgegebener, archetypischer Linien und markierbarer, ineinanderfliessender Etappen, die meistens dem Einzelnen weitgehend unbewusst bleiben. Durch psychosoziale Ereignisse können diese Entwicklungsschritte gefördert oder eben auch behindert werden. Im letzteren Fall tritt man bald ein in die Welt der Psychopathologie, die aus mannigfaltigen Formen missglückter Entwicklung der Paar- und Gruppendynamik zwischen Eltern und Kindern und weiterer sozialer Institutionen resultiert.

Murray Stein führt dabei in fünf Stufen der Entwicklung ein, die sich teilweise in Übereinstimmung mit bestehenden Entwicklungstheorien befinden, die aber auch über die bekannten Theorien hinausweisen und auf der Grundlage der Jung'schen Psychologie interessante Einblicke gewähren, die der praktisch tätige Psychotherapeut auf vielen Seiten mit seinen eigenen Behandlungsfällen in Beziehung bringen und sie auf neuer Ebene verstehen kann.

Wir finden Ansätze zu einer Jung'schen Traumatheorie, in denen die wichtigen äusseren und inneren Erlebnisfiguren (Kind, Mutter, Vater, Persona, Anima, Selbst) lebenslangen Einfluss ausüben, und die nur bis zu gewissen Graden überwachsen werden können, um autonome Selbstverantwortung zu erreichen, bis in ein fortgeschrittenes Reifeniveau im höheren Alter.

Murray's Entwicklungspsychologie enthält zugleich in zahlreichen Beispielen, die aus dem Scheitern von Individuationsprozessen resultieren, eine allgemeine Entwicklungspsychopathologie, die Beziehungstraumata verständlich macht. Die Jung'sche Psychotherapie erfährt hier einen sehr anregenden Ansatz für alle Richtungen der Psychotherapie, um Arretierungen von Entwicklungsverläufen aufzulösen, indem der jeweilige individuelle Entwicklungsgang in allen seinen Beziehungs-Zusammenhängen – in denen man auch hängen bleiben kann – verstanden und neubegonnen werden kann.

Wir finden eingestreut auch viele persönliche, zum Teil humorvolle Aussagen des Autors, durch welche er als Person sichtbar wird und dem Leser näherkommt, dies besonders in den beiden weiteren Kapiteln, die eine Ergänzung zu den «fünf Stufen» darstellen: Zur Freundschaft zwischen Männern und zu dem Pendant des von D.W. Winnicott eingeführten Phänomens der «Good Enough Mother», der ausreichend guten Mutter. Dass das Kind auch «Bevaterung» benötigt, durch einen ausreichend guten Vater, der dem Sohn ein idealisierbares Vorbild zur Verfügung stellt und ihm aber auch erlaubt, diese Idealisierung wieder zurückzunehmen, ist gerade in unserer Zeit der Vaterlosigkeit (Mitscherlich) ein elementares Thema.

Diesem Buch wünsche ich eine grosse Leserschaft, nicht nur für Fachpersonen, sondern auch für alle Interessierten, die sich auf einen guten und bewussteren Weg der Selbstentwicklung begeben wollen.

Werner A. Disler

Ein kurzes Vorwort

Meine Junior High School in Grand Forks, North Dakota, war mit einer inspirierenden Lehrerin für Naturwissenschaften mit großem Sinn für Humor gesegnet. Wir haben sie geliebt. Ich erinnere mich leider nicht an ihren Namen, aber ich erinnere mich, dass sie eine große und kräftig gebaute Frau in den 30er Jahren war, die nicht verheiratet war und sich ihrer Berufung als Lehrerin völlig verschrieben zu haben schien. Wir lernten von ihr die moderne Physik und Astronomie kennen, und sie öffnete uns die Augen für die Wunder der wissenschaftlichen Entdeckungen des zwanzigsten Jahrhunderts. Eines Tages kam sie in die Klasse und erzählte uns eine Geschichte aus ihrem Wochenende. Sie war eine lange und langweilige Autobahn in North Dakota entlanggefahren und beschloss, eine Kaffeepause zu machen. Als sie an einer Raststätte anhielt, sah sie ein Auto, das als Militärfahrzeug gekennzeichnet war und auf dessen Rückseite ein Schild mit der Aufschrift "Military" stand: "U.S. Marines. We Build Men» («Wir bauen Männer"). Sie ging in das Café, sah sich um und sah die Marines aus dem Militärfahrzeug. Als sie kühn auf sie zuging, rief sie aus: "Baut mir einen Mann!" Wir alle lachten, als sie uns diese Geschichte erzählte, und aus irgendeinem Grund habe ich sie nie vergessen.

Das wirft die Frage auf: Wachsen Jungen von Natur aus zu reifen Männern heran, oder müssen solche Männer erst noch gebaut werden? Sind Männer Produkte der Natur oder der Kultur? Mit anderen Worten: Wie viel der Individuation ist ein Opus *contra naturam*, ein Artefakt der Kultur und des individuellen Willens? Und welche Rolle spielen die Archetypen des kollektiven Unbewussten in der männlichen Entwicklung? Die Antwort darauf wird zum Teil davon abhängen, ob man die Archetypen als Teil der menschlichen Natur oder als kulturellen Einfluss ansieht. Ich tendiere zu Ersterem, erkenne aber die mächtigen Auswirkungen der Kultur auf alle Menschen, insbesondere in der ersten Lebenshälfte.

Die Entwicklungsstadien der Männer, die kulturübergreifend und durch die Geschichte hindurch beobachtet werden, scheinen recht ähnlich zu sein. Sie verlaufen vom Säuglings- und Kindesalter über die Adoleszenz und das frühe Erwachsenalter bis hin zum reifen Erwachsensein und zum Alter durchgehend, wenn auch in etwas unterschiedlichen Ausprägungen aufgrund kultureller und geographischer Faktoren. Die gleichen Stadien sind offensichtlich und ausgeprägt. Das spricht für die inhärente Natur, die die Entwicklung vom Jungen zum Mann steuert. Diese Entwicklungsmuster werden jedoch immer stark durch soziale und kulturelle Einflüsse und Zwänge unterstützt. Es kann also sein, dass die Marines tatsächlich Männer aufbauen (Kultur), aber es muss entlang der inhärenten Muster und Tendenzen (Natur) gehen, die dieses Modell eines Mannes ermöglichen.

Wenn man natürlich argumentiert, dass archetypische Muster hauptsächlich kulturelle Artefakte und nicht der menschlichen Natur inhärent seien, dann müssen die Merkmale der Entwicklung der Kultur geschuldet sein, während die Natur nur eine geringe Rolle spielt. Aber es gibt immer noch den physischen Körper, und das ist zweifellos ein Beitrag der Natur und der Evolution der Spezies.

Meiner Ansicht nach ist die Individuation sowohl bei Männern als auch bei Frauen eine komplexe Verflechtung von physischen, psychischen und kulturellen Faktoren. Wie sich ein Mensch entwickelt, reift, also individuiert, hängt von einem multifaktoriellen Spektrum von Kräften ab. Jeder Faktor trägt zu diesem dynamischen Prozess bei, und jeder trägt wesentlich zum Endergebnis bei. In den Vorträgen dieses Bandes versuche ich, allen gebührenden Respekt zu zollen, aber mein Schwerpunkt liegt auf dem Psychologischen. Ich anerkenne, dass die individuelle Psyche keineswegs unabhängig vom Körper ist; sie ist ein Teil der Kultur, die sie in sich trägt. Aber allzu oft wird das Psychologische zugunsten physischer und kultureller Faktoren übersehen, und ich möchte zu einer Neugewichtung des Bildes beitragen. In diesem Sinne biete ich diese Überlegungen an.

Dieser Band setzt sich aus mehreren meiner Vortragsreihen zusammen, die in den 1980er und 1990er Jahren am C.G. Jung Institute of Chicago gehalten wurden. Ich habe die Manuskripte durchgesehen und einige kleinere Änderungen vorgenommen, aber ich habe mich entschieden, die Manuskripte größtenteils so zu belassen, wie sie zu dieser Zeit vorgetragen wurden. Ich bin mir sehr bewusst, dass die postmoderne Kultur das Bild der männlichen und weiblichen Identitätsbildung und -entwicklung dramatisch verändert hat. In den 1980er Jahren waren LGBT-Themen[1] nicht allgemein bekannt, und die geschlechts-spezifischen Unterschiede waren, obwohl sie aufgrund der Herausforderung des Feminismus etwas zu überprüfen waren, immer noch relativ stabil. Heute haben sich solche strengen und schnellen Unterscheidungen auf der Grundlage des biologischen Geschlechts zunehmend aufgelöst und verflüssigt. Die Wahl des Geschlechts wird unter jungen Menschen als beliebig und das Geschlecht als eine soziale Konstruktion und nicht als eine biologische Gegebenheit angesehen. Die Vorstellungen vom Wesentlichen und Essenziellem werden im Allgemeinen als rückschrittlich und veraltet angesehen.

Wenn ich heute diese Vorträge schreiben würde, müsste ich diese kulturelle Situation voll und ganz berücksichtigen.

---

[1] LGBT Abkürzung für: Lesbian, Gay, Bisexual and Transgender

Aber ich glaube nicht, dass ich meine grundlegende Position ändern würde. Die Kulturen schwanken in ihren Stilpräferenzen, aber die dem Individuationsprozess zugrunde liegende archetypische Struktur ändert sich nicht im gleichen Maße, wenn überhaupt. Auch heute noch beobachten die meisten Menschen nur die Abweichungen und entwickeln sich unbewusst und spontan entlang archetypischer Linien zur Individuation. Die Grundmuster bleiben bestehen, weil sie in unser menschliches Erbe, in das kollektive Unbewusste, eingebettet sind, und sie können durch die Nebel kultureller Schwankungen und Stile erkannt werden.

Ich bin dankbar für die von Chiron Publications gebotene Gelegenheit, diese Vorträge gerade jetzt ans Tageslicht zu bringen, denn es scheint mir wichtiger denn je, ein Gespür dafür zu haben, was auf dem Weg der Entwicklung der Menschen möglich ist. Allzu oft wird dies auf der Stufe der heroischen Ich-Entwicklung vergessen und alles andere als unzulänglich oder überflüssig angesehen. Ich habe versucht, Jungs Denkweise zu folgen, wonach die Individuation während des gesamten Lebens der Person weitergeht und ein Ziel hat, das weit über das hinausgeht, was das Marinekorps der Vereinigten Staaten aufzubauen versucht.

Vorlesungen zu fünf Stufen psychologischer Entwicklung der Männer

Einführung

Ich werde in diesen Vorträgen über fünf Stufen der psychologischen Entwicklung bei Männern sprechen. Durch vereinbarte Konventionen im Bereich der Entwicklungspsychologie ist dieser Reifeprozess in eine Reihe von chronologischen Stufen gegliedert. Ich entspreche dieser Gepflogenheit, um fünf Phasen in der Entwicklung eines Mannes zu beschreiben, aber zu Beginn sollte ich erklären, was ich mit "Stufen" meine.

Die allgemeine Ansicht unter Nicht-Spezialisten ist, dass man in einem bestimmten Alter in eine Phase der psychologischen Entwicklung eintritt, die für diese Phase geeigneten Aufgaben aufnimmt, sie löst (oder nicht) und dann zur nächsten Phase übergeht. Dies gilt vielleicht in einem sehr weiten Sinne in der ersten Lebenshälfte und folgt mehr oder weniger den beobachteten Phasen der biologischen Entwicklung vom Säuglings- bis zum Erwachsenenalter. Aber dies ist unzureichend als eine genaue Beschreibung dafür, wie Menschen im Laufe eines ganzen Lebens sich selbst verwirklichen. Die psychologische Entwicklung ist

komplexer und weitereichender als die konventionellen Entwicklungstheorien. Wir durchlaufen und
verlassen keine separaten, getrennten Phasen als
solche, aber wir entwickeln uns weiter - nur nicht durch
das Öffnen und Schließen von Türen in gut geord-
neten, aufeinander folgenden Stadien.

Die psychologische Entwicklung, die ich im
Folgenden auch als Individuation bezeichne, verläuft
sequentiell, aber in einem Muster von Zyklen. Das Bild
der Spirale ist näher an der Realität, die wir erleben und
miterleben, als das Bild eines geradlinigen Durchgangs
durch chronologische Perioden, die sich einseitig in
eine Richtung durch die Zeit bewegen. Eine "Phase" ist
eine Art, über eine Lebensphase zu sprechen, in der
bestimmte Themen dringender und wichtiger
erscheinen als andere. Ein Begriff wie "Kindheit" oder
"Adoleszenz" wird ihm zugeordnet. Das Problem ist,
dass wir uns im Laufe unseres Lebens immer wieder
mit denselben Themen beschäftigen, und wenn wir
uns tatsächlich entwickeln, dann gewinnen wir mit
jedem Durchgang ein wenig an Bewusstsein, Freiheit
oder Integration. Aber wir können sicher sein, dass wir
wieder auf diesem Weg vorbeikommen, über den
gleichen Grund wie zuvor. Jedoch wenn wir unsere
Arbeit tun, dann ist jeder Durchgang ein wenig
bewusster, ein wenig tiefer, ein wenig wahrer und
näher zu unserem Selbst.

Erik H. Erikson schlug eine Theorie von acht Stufen der psychologischen Entwicklung vor, die sich im

Laufe eines Lebens zeigen. Jeder Psychologiestudent lernt diese Stufen auswendig. Am bekanntesten ist, dass Erikson über die Phase der Identitätsentwicklung schrieb, die während der Adoleszenz auftritt. Dies ist typischerweise eine turbulente Phase im Leben der Menschen, und manchmal ist sie mit einer Krise verbunden, die von Angst und Unsicherheit darüber erfüllt ist, was für ein Mensch man ist und werden will.

Aber es ist sicher so, dass die Frage der Identität in jeder Übergangsphase eine Rolle spielt, manchmal mit mehr, manchmal mit weniger Intensität. Wir durchlaufen als kleine Kinder einen Prozess der Identitätsbildung, und wir befinden uns in einem Prozess der Identitätsformung und -neuformung in der Mitte des Lebens und im Alter.

Jedes Mal, wenn die Frage nach der Identität in unserem Leben auftaucht, machen wir ein wenig Fortschritte. Wir sehen uns vielleicht klarer oder einfach anders, indem neue Aspekte aus dem Nebel auftauchen, neue Formationen entstehen oder alte Aspekte stärker in den Vordergrund treten. Identität ist eine Arbeit, die unser ganzes Leben lang in Gang ist. Wir lassen die Frage der Identität nie ein für alle Mal hinter uns. Wir umkreisen diese Frage fortwährend als Identitätsveränderung und Erweiterung ihres Umfangs. Das gleiche gilt für Intimität, die nächste Stufe in Eriksons Programm. Wir müssen uns in der Kindheit und während des ganzen Lebens damit befassen, nicht nur nach der Adoleszenz im frühen Erwachsenenalter, wie Erikson es darstellt. Das gilt für alle Etappen in Eriksons Theorie.

Wenn ich auf den folgenden Seiten von der Entwicklung der Männer "losgelöst von der Mutter" und "losgelöst vom Vater" in einen relativ freien Raum der Wahl und Bezogenheit spreche, sage ich nicht, dass diese Entwicklungen einer streng linearen Abfolge von "a" über "b" bis "c" ohne jegliche Rückstände folgen. Ich werde vielmehr darauf bestehen, dass man sich nie ganz von der Mutter oder vom Vater befreit, und dass es nur relative Freiheiten davon gibt, und dass man sich ein Leben lang mit diesen Fragen beschäftigen muss. Dennoch findet Entwicklung statt: es gibt wichtige Veränderungen im Selbst und im Selbstverständnis.

Jungs Meinung zum Thema der grossen, unlösbaren Entwicklungsprobleme war, dass wir sie nie wirklich überwinden, sondern nur über sie hinauswachsen können. Ich würde diese Strategie empfehlen: Lernen Sie, die unlösbaren Probleme der Befreiung von Mutter und Vater zu akzeptieren, denn diese Probleme sind alle Zeit und Mühe sowie Ihre sorgfältigste Überlegung wert. Sie werden sich im Laufe Ihres Lebens unzählige Male damit befassen, jedes Mal mit mehr Bewusstsein, indem Sie tiefer in die Auswirkungen und Dynamiken hineinsehen und jedes Mal einen tieferen Aspekt der durch diese Komplexe entstandenen Einschränkungen lösen.

Das Ziel der Entwicklung, das Telos der inneren Entwicklung eines Menschen, das ich vorschlagen werde, ist es, so viel Freiheit zu erreichen wie möglich, wahre Freiheit, um die volle Spannweite der Potentiale im Selbst freizusetzen. Und die Fallen, Verführungen und Illusionen der Freiheit auf dem Weg zu dieser Unabhängigkeit sind Legion.

Ich betrachte diese Arbeit als eine Vision dessen, was Menschen werden können, und nicht als einen forschungsbasierten sozialwissenschaftlichen Bericht. Weitere Forschungsarbeiten sind natürlich erwünscht und willkommen.

Die fünf Lebensphasen eines Mannes - ein kurzer Überblick

Das nachstehende Diagramm skizziert ein Modell der psychologischen Entwicklung eines Mannes über die normale Lebensspanne hinweg, wobei von einem erreichten Alter von 80+ Jahren ausgegangen wird. Wie es zeigt, durchläuft seine psychische Entwicklung im Laufe des Individuationsprozesses fünf Hauptperioden oder "Phasen".[2] Dieses Modell bietet den allgemeinen Rahmen für die Erörterung der Entwicklungsfragen und -heraus-

---

[2] Ich werde den Begriff „Individuation" in diesen Vorlesungen durchgehend gebrauchen, um über die psychologische Entwicklung der vollen Lebensspanne zu sprechen. Es ist ein Begriff, den **Jung** benützt, um den ganzheitlichen Entwicklungsprozess von der Geburt bis zum Tod zu bezeichnen.

forderungen, die ich in den folgenden Vorträgen behandeln werde.

Stufen im Leben eines Mannes

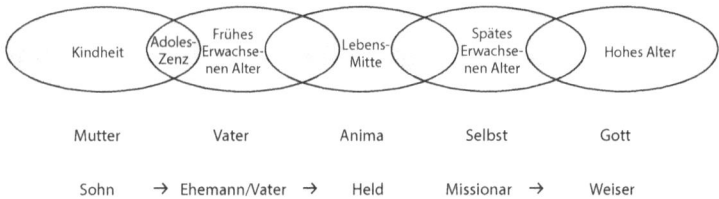

Kindheit	Adoles-Zenz	Frühes Erwachse-nen Alter	Lebens-Mitte	Spätes Erwachse-nen Alter	Hohes Alter
Mutter		Vater	Anima	Selbst	Gott
Sohn	→	Ehemann/Vater →	Held	Missionar →	Weiser

Diagramm #1

Das Diagramm #1 zeigt diskrete Kreise, die Stufen bezeichnen, aber es sollte zusätzlich in Form einer Spirale wie in Diagramm #2 angeordnet werden.

Die Kreise nisten sich ineinander, steigen allmählich an und gehen allmählich von einem zum anderen über. Die Übergangsbereiche zwischen den Stufen sind im Diagramm Nr. 1 am Schnittpunkt der aneinandergrenzenden Kreise dargestellt. Die Kreise und Verbindungen im Modell sind in Abhängigkeit von kulturellen und anderen Faktoren wie der Lebenserwartung zeitlich gestreckt oder verdichtet.

Ich werde nun zur Orientierung eine kurze Zusammenfassung jeder der fünf Stufen geben. In den folgenden Vorträgen werde ich mich nacheinander auf jede der fünf Phasen konzentrieren.

Die erste Phase der Entwicklung eines Mannes, die Kindheit und Jugend umfasst, wird von der Mutter

«Weiser»

«Missionar»

«Held»

«Vater»

«Sohn»

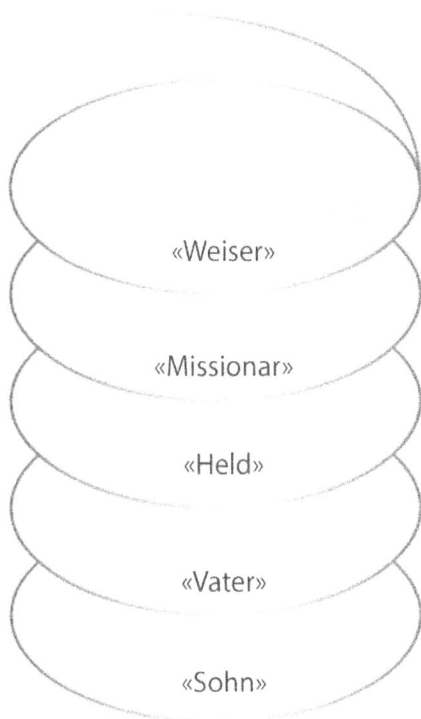

Archetypische Dominanten
des Lebenszyklus

Diagram #2.

dominiert. Ich bezeichne diese Phase als *"in der Mutter"*, da der bewusste Horizont des Kindes mehr oder weniger von der Atmosphäre der Mutter eingehüllt ist. Es ist eine Periode der Geborgenheit und der Erziehung. Der Übergang von dieser Phase zur nächsten findet in der Adoleszenz statt, die etwa mit 12 Jahren beginnt und bis zur Aufnahme eines ersten festen Wohnsitzes ausserhalb der Mutterwelt in der nächsten Phase dauert. Dies ist ein erster Schritt im lebenslangen Prozess der Separation, bzw. Autonomisierung.

Die Figur des Vaters dominiert die zweite Phase, und ich werde von ihr als *"im Vater"* sprechen. Der psychische Horizont wird hier von der patriarchalischen Haltung eingerahmt, sei es persönlich oder kulturell. Die Trennung von der zweiten Stufe und der Übergang zur dritten Stufe beginnt im Alter von etwa 35 Jahren und dauert bis etwa zum Alter von 50 Jahren. Da die mütterliche Seite die erste und die patriarchalische Seite die zweite Stufe dominiert, ist die Seele, oder Anima, die dominierende Figur in der dritten Stufe.

Die vierte Phase, die etwa vom Alter von 50 bis Mitte der 70er Jahre dauert, betrifft die Entwicklung der Ich-Selbst-Achse und ist durch die Entstehung und zunehmende Bewusstwerdung des Selbst als wichtiger psychischer Faktor gekennzeichnet. Diese Phase geht allmählich und meist ohne größere Bewusstseinsunterbrechung in die fünfte und letzte Phase über, in der die Spiritualität und das "Gottesproblem" als Hauptthemen der weiteren Individuation eintreten. Ich nenne dies die *"späte Phase der Individuation"*.

Jede der dominanten Figuren in diesen fünf Stadien - Mutter, Vater, Anima, Selbst und Gott - stellt spezifische typische Probleme und Herausforderungen dar, die mit dem Identitätsgefühl eines Menschen zu tun haben. In der ersten Stufe ist er "Mutters Boy". Wenn er sich von dieser Stufe befreit, geht er weiter, um "Vaters Sohn" zu werden. Es kann einen formalen Übergangsritus geben, der diesen Identitätswechsel markiert. In der zweiten Phase wird er oft selbst zum Vater, auch wenn seine Identität die des Sohnes seines Vaters bleibt.

In der mittleren Lebensphase gibt es eine weitere Forderung nach Separierung von den Elternfiguren, da sich sein Identitätsgefühl zu dem des Helden verschiebt, dessen Aufgabe es ist, seine Seele, die Anima, vor der Beherrschung und Auslöschung durch die patriarchale Welt zu retten. Seine Identität als Held verliert anschliessend an Bedeutung, wenn er ins spätere Erwachsenenalter eintritt, das ich als "Missionar" bezeichnen werde, weil er eine Mission in der Welt findet, die seine Vision über sich hinaus nach außen richtet, um kollektive und kulturelle Themen zu erfassen.

Dies ist die Ära eines bedeutenden Engagements in der Welt. Mit zunehmendem Alter weicht diese missionarische Identität religiösen Fragen von endgültiger Bedeutung. Sein Identitätsgefühl verschiebt sich zum "Weisen", wenn er für andere zu einer Weisheitsfigur wird.

Wie ich bereits sagte, dringt in jeder Phase psychisches Material in andere hinein. Wir tragen unsere Vergangenheit immer mit uns, selbst wenn die Individuation weiter und tiefer in das volle Selbstbewusstsein vordringt.

Der erste Kreis: Mutter

Das Alter des Knaben[3]

Die erste Phase in der Entwicklung eines Mannes, von der ich in diesen Vorträgen als "Mutterphase" sprechen werde, bildet eine Plattform für alle zukünftigen psychologischen Entwicklungen und ist umfangreich und komplex und besteht aus mehreren Phasen und Unterphasen, von denen viele im späteren Leben in verschiedenen Formen wiederholt werden können. Sie umfasst den Zeitraum der Kindheit, von der Geburt bis zum Teenager, in dem die Mutter- und "Mutter-Kind-Probleme" im Mittelpunkt stehen. Hier ist das männliche Kind "ein Mutterjunge" ("Mothers boy") und fühlt sich im Idealfall von ihr völlig geliebt und bewundert.

Ich werde nicht auf die Einzelheiten der verschiedenen Phasen der frühkindlichen Entwicklung eingehen (viel über dieses Thema gibt es in der psychologischen Literatur), außer dass ich einige Fragen erwähne, die speziell die männliche Entwicklung betreffen. Zu dem Wort "Mutter" ist es wichtig, zu verstehen, dass ich mehr als nur eine einzelne betreuende Person meine. Die gesamte Umgebung eines Kindes ist "die Mutter", in dem Sinne, dass sie einen einschränkenden und nährenden Kontext

---

[3] Orig.: The age oft the boy

darstellt. Die persönliche Mutter symbolisiert lediglich diese gesamte Umgebung, in guten wie in schlechten Zeiten.

In den ersten Jahren ist die erste bedeutende Person im Leben eines Mannes (in der Regel) seine eigene biologische Mutter. Sie ist die erste bedeutende "andere" Person, zu der sowohl eine physische als auch eine psychische Beziehung aufgebaut wird.

Diese Beziehung wird meist als "Bindung" bezeichnet, in Anlehnung an den Namen, der ihr in der Pionierarbeit von John Bowlby gegeben wurde, und sie beginnt bereits pränatal.

Die ersten außerkörperlichen Erfahrungen des Säuglings mit der Welt sind normalerweise auf die eigentliche Mutter ausgerichtet und werden durch ihre spezifische Wahrnehmung des Neugeborenen stark gefärbt. Die Qualität ihrer Reaktion legt mit der Zeit ein entscheidendes Grundelement in der Grundhaltung eines Menschen gegenüber der Welt fest und hat lebenslange Konsequenzen. Erik H. Erikson nennt das entscheidende emotionale Thema dieser Phase der psychologischen Entwicklung "Vertrauen vs. Misstrauen". Wenn die mütterliche Zuwendung einladend, stabil und nährend ist, und wenn der Säugling ausreichend gesund und ansprechbar ist, entwickelt sich in der jungen Persona eine Haltung des Vertrauens. Der Säugling kann der Welt (hier vertreten durch die Mutter) mit einem Gefühl des Vertrauens begegnen. Eine herzliche, einladende Aufnahme wird eine positive, aufgeschlossene Haltung gegenüber der Welt fördern, während die Ambivalenz, die sich in einer kühlen oder negativen Haltung zeigt, eine bereits bestehende Tendenz zur Vermeidung von Beziehungen zur Außenwelt hervorrufen oder verstärken kann. Zusammenfassend wird die Haltung der Mutter gegenüber dem Säugling im Allgemeinen als entscheidend für die zukünftige Qualität der Objektbeziehungen angesehen.

Die Beziehung zur Welt, die in diesem Lebensabschnitt hergestellt wird, wird während des gesamten Lebens eines Mannes eine beträchtliche Rolle spielen.

Während er noch in der "Mutterwelt", die in der Regel bis zur frühen Adoleszenz besteht, enthalten ist, wird ein Junge große Anstrengungen unternehmen, um ein eigenes Selbst- und Autonomiegefühl zu entwickeln. Die Bemühungen eines Jungen, sich von seinen elterlichen Bezugspersonen (den "Müttern") zu trennen, beginnen früh und entfalten normalerweise im Alter von zwei Jahren beträchtliche Energie ("die schrecklichen Zwei"). Wenn der drei- oder vierjährige Junge dann bedeutende physische Unterschiede zwischen sich und seiner Mutter entdeckt, intensiviert er den Trennungsprozess von ihr auf psychologischer Ebene, wobei der festgestellte Geschlechtsunterschied deutlich ins Spiel kommt. Eine Mutter, die sich dieses Unterschieds und des kommenden Trennungsbedürfnisses ihres Sohnes natürlich sehr wohl bewusst ist, kann diesen Prozess erleichtern oder sie kann versuchen, ihn zu behindern.

Die Ambivalenz ihrerseits in Bezug auf die Trennung kann die Grundlage für emotionale Konflikte beim Sohn bilden. Ist es in Ordnung, seine Mutter zu verlassen oder nicht? Wie weit kann er sich verirren und trotzdem verbunden bleiben? Andererseits kann eine ängstliche Mutter, die eine zu frühe Trennung erwartet, zu früh Abstand nehmen und den Jungen mit einem Gefühl der Unsicherheit und Verlassenheit zurücklassen.

Es gibt einige typische Probleme, die sich aus der Art der Beziehung zwischen Mutter und Sohn ergeben. Ich werde einige davon beschreiben, die ich in meiner Praxis beobachtet habe. Diese Liste ist keineswegs erschöpfend, um es vorsichtig aus-zudrücken.

1. Der Mann mit einer abwesenden Mutter. Ich erinnere mich an den Fall eines Mannes, "Ben", der dreißig Jahre alt war, als er in meine Praxis kam. Seine Mutter war in seiner frühen Kindheit stark medi-kamentös behandelt und mit einer schweren psychischen Erkrankung ins Krankenhaus eingeliefert worden. Zu der Zeit, als ich ihn sah, war er sexuell unterentwickelt und hatte mehrere Abhängigkeiten, hauptsächlich von Essen und Alkohol, aber auch von exzessiven Fantasien und Tagträumen. Nachdem er in der Schule ein recht guter Schüler war, studierte er nun für das Priesteramt. Dieser Studiengang verlief nicht sehr gut, was zu seiner Unfähigkeit führte, sich zu konzentrieren. Eines der auffälligsten Dinge, die mir an ihm auffielen, war das, was ich als seine "freie Stelle" empfand. In den Sitzungen setzte er sich hin und ging fast sofort in einen fugenartigen Zustand über, starrte leer und unempfänglich vor sich hin, wie in einer Art selbstinduziertem hypnotischen Zustand. Als ich ihn danach fragte, sagte er, er sei "am Verarbeiten". Manchmal, so sagte er, sei es ein "Gebet", weil er das Gefühl habe, mit geistigen Wesen wie Heiligen oder Engeln zu kommunizieren. In einer Sitzung, als er in diesen Zustand kam, berichtete er mir, dass er eine Vision der "Muttergottes" hatte, der Mutterfigur, die von vielen Menschen in seiner Kirche verehrt wird, und dass er mit ihr durch einen Nabel verbunden war, durch den "Nahrung" in ihn eindrang.

Ben war ein Mann, dessen Mutter nicht in der Lage gewesen war, ein Kind in ihre Obhut zu nehmen. Das Bild der archetypischen Großen Mutter kam zu ihm als Ersatz für die fehlende persönliche Mutter, und sie bot ihm Nahrung und Pflege an. Die Psyche kompensiert die Abwesenheit einer echten Mutter, indem sie eine symbolische Mutter anbietet, und das vernachlässigte Kind findet dort Zuflucht und bleibt in der archetypischen Welt eingebettet, bis ein Weg gefunden wird, aus ihr herauszukommen und Beziehungen zu Einzelpersonen und Gemeinschaften einzugehen. Im Gegensatz zu einem Mann, der eine zu starke Bindung zu seiner schwachen Mutter hat und bis weit ins Erwachsenenalter zu Hause bleibt, bestand die Schwierigkeit dieses Mannes darin, dass er keine Bindung zu seiner Mutter aufbauen konnte, weil sie nicht da war, und so wurde er an eine imaginäre Leihmutter gebunden. Er blieb "in der Mutter", indem er dieses archetypische Bild auf religiöse Objekte und Institutionen projizierte.

2. Der Mann mit der ambivalenten Mutter.

Ein Mann im Alter von 33 Jahren kam in die Therapie, weil er sich in seinem Leben auf allen Ebenen völlig festgefahren fühlte. Er war zwar konstitutionell sehr kreativ und künstlerisch, an der Grenze zum Brillanten, aber er war nicht in der Lage, sich effektiv mit der Welt auseinanderzusetzen. Er blieb in seinem Kokon. Er konnte sich nicht dazu durchringen, seine Bilder zu präsentieren oder zu verkaufen. Sein Vater hatte ihn nicht in sein Geschäft eingeladen, weil der Junge sehr eng mit seiner Mutter verbunden war und er für das raue und turbulente Leben draußen in der wett-bewerbsorientierten Welt des Handels nicht geeignet war. In seiner Jugend hatte der Junge die Schule abgebrochen, sein Zuhause verlassen und begonnen, seinen Weg im Leben ganz allein zu gehen.

Er zeigte in den Sitzungen ein ähnliches Ver-halten wie Ben, einschließlich *fugue*-artiger Zustände und Misstrauen im Dialog. Tiefe narzisstische Verlet-zungen und Traumata aus der Kindheit zeigten sich in seinen Reaktionen auf andere, auch auf mich selbst. Seine Beziehung zu Frauen wurde stark betont: Er verlangte, dass eine Frau völlig jungfräulich sein müsse, eine Madonna, aber einmal in einer Beziehung schimpfte er sie ständig und versuchte zu beweisen, dass sie eine Hure und daher unwürdig für ihn sei, was sie natürlich vertrieb und ihn wieder allein leben ließ.

Seine Träume zeigten, dass er "in der Mutter gefangen" war. In einem davon war er in einem Lebensmittelladen (ein Mutterbild!) gefangen, der der Mafia gehörte (symbolisch für den Animus der Mutter). Schließlich kam ihm sein Vater zu Hilfe und machte ihm den Vorschlag, die Mafia zu bezahlen, um zu fliehen. So bot sein Vater einen Ausweg aus der Mutterfalle an. Der Traumvater war aktiver, als sein tatsächlicher Vater es gewesen war. Für mich schlug dies die Möglichkeit vor, dass seine Übertragung auf mich einen Ausweg aus seinem festgefahrenen Zustand bieten könnte. Die Frage war, wie man den kontrollierenden Animus seiner Mutter ausgleichen und sich von ihr befreien könnte. Am Ende hatte er leider keinen Erfolg. Mir ging es schlecht und ich bedauerte, dass ich ihm bei seiner Suche nach Befreiung nicht helfen konnte.

In diesem Fall erkennen wir eine Mutter, die ihrem Kleinkind erlaubte, eine Bindung zu ihr aufzubauen, aber gleichzeitig eine tiefe Feindseligkeit gegenüber Männern hegte, typischerweise weil sie selbst von ihnen und von der patriarchalischen Voreingenommenheit der Gesellschaft verwundet worden war. Vor allem aber hatte sie eine zutiefst gestörte und konfliktreiche Beziehung zum Vater des Jungen, was sie dazu veranlasste, ihren Sohn in ein gequältes Ehedrama zu ziehen, indem sie ihn zu einem Verbündeten gegen den Vater machte. Da das Kind jedoch männlich war, sah sie ihn sowohl als Verbündeten als auch als Feind. Diese Zweideutigkeit war für den Sohn erschreckend, da die Mutter manchmal zu nahestand und mit Inzest drohte, zu anderen Zeiten aber auch distanziert und mörderisch wütend war. Ihre Unvorhersehbarkeit destabilisierte ihn und sorgte für Turbulenzen in seinen Beziehungen, insbesondere mit Frauen. Der Vater - als Feind bezeichnet - konnte nicht helfen, so dass der Sohn mit einer erschreckend instabilen Mutter im Haus gefangen war. Der Vater war wahrscheinlich neidisch auf das Kind, weil er offenbar Zugang zur Intimität der Mutter erlangt hatte, während er ausgesperrt war, und infolgedessen entwickelte sich eine negative und feindselige Beziehung zwischen Vater und Sohn. Der Vater hat ihn zurückgewiesen und die Mutter hat ihn bedroht. Er saß zwischen ihnen fest.

3. *Der Mann mit der falsch spiegelnden Mutter.* Ein 50-jähriger Berufsmann, der in seinem Beruf erfolgreich war und mit einer Familie von drei Kindern verheiratet war, hatte das anhaltende Problem, sich nicht als Mann fühlen zu können.

Wenn er sich selbst nackt im Spiegel betrachtete, konnte er seinen Penis nicht "sehen" und konnte ihn auch nicht spüren. Er wuchs in einer Familie auf, die von einer willensstarken Mutter dominiert wurde, und sein Vater war im Vergleich dazu schwach und passiv. Als Erwachsener ging er mit seiner Unfähigkeit, seine Männlichkeit zu spüren, um, indem er andere Männer, die er bewunderte, aufmerksam ansah und versuchte, in sich selbst die Eigenschaften zu finden, die ihn anzogen. Er versuchte, sich selbst im Spiegel dieser Projektionen zu finden. Er suchte nach seiner Männlichkeit, indem er außerhalb seiner selbst suchte. Es war eine mehr oder weniger hoffnungslose Suche, da die fehlenden Qualitäten zwangsläufig im anderen "draußen" blieben und nicht im Inneren gefunden werden konnten. Dies führte oft zu Krämpfen der Verzweiflung.

Eine Mutter wird ihr Kind in der Regel positiv spiegeln, es mit liebevollen Augen anschauen und es wegen seines Wesens genießen, nicht wegen seiner Fähigkeiten oder Leistungen (was die Rolle des Fathrs sein wird), sondern einfach wegen dessen, was er ist, in und für ihn selbst.

Ein Aspekt seines Wesens, den auch die Mutter genießen sollte, ist seine Männlichkeit, und ihre positive Widerspiegelung dieses Aspekts wird eine starke Entwicklung seiner Männlichkeit ermöglichen.

Wenn der Spiegel jedoch fehlerhaft ist, kann die Mutter ihn zwar als Säugling, süß und kuschelig genießen, aber sie kann seine Männlichkeit nicht positiv widerspiegeln und genießen, wenn er älter wird. Sie unterdrückt oder ignoriert möglicherweise die Anerkennung seines Geschlechts und seiner männlichen Eigenschaften, wie sie in der Kindheit auftreten. Sie lehnt daher seine Männlichkeit ab, was möglicherweise auf ihre eigenen Schwierigkeiten mit der Sexualität in ihren Beziehungen zu Männern zurückzuführen ist. Sie kann den Jungen als Mädchen verkleiden und ihn in die Rolle einer Tochter schlüpfen lassen, die sie bevorzugt hätte. Der Vater ist wiederum passiv, distanziert oder abwesend. Der Junge wird Schwierigkeiten haben, sich mit seinen eigenen männlichen Anteilen zu identifizieren, auch wenn er keine Schwierigkeiten hat, sich mit anderen Teilen seiner Persönlichkeit, wie z.B. seinem Intellekt, zu identifizieren.

4. Der Mann mit einer Schuld und Scham erzeugenden Mutter.

Dieser Typ von Mutter neutralisiert, verzerrt oder leugnet die Männlichkeit ihres Sohnes nicht, sondern schafft vielmehr eine Atmosphäre von Schuld und Scham über typische männliche Züge, die ihr Sohn zeigen könnte.

Wenn typische Verhaltensweisen von Jungen wie Aggressivität, Unabhängigkeit und Forschergeist auftreten, reagiert sie negativ und beschämt den Jungen. Wenn er als Mann in erster Linie an ihr (als einem "Muttersöhnchen") und nicht an seinem Vater hängt, mag er einigen Frauen als Vorbild für Sanftmut und Güte erscheinen - aber zu gut, um wahr zu sein.

Frauen mögen ihn, aber sie verlieben sich nicht in ihn, da es ihm an grundlegenden männlichen Qualitäten mangelt. Er ist immer noch "in der Mutter", und wenn er von den Anordnungen der Mutter abweichen würde, würde er sich schrecklich schuldig fühlen. Ein solcher Mann neigt dazu, dem weiblich dominierten Zuhause nahe zu bleiben und ist in seinem Verhalten und seiner Karriere oft dienstleistungsorientiert. Er kann nicht sein volles männliches Selbst verkörpern, weil er Angst davor hat, dass seine Mutter ihn wegen seiner Missbilligung bestraft und dass er beschämende Blicke riskiert. Dieser Zwang wirkt auf subtile Weise und durchdringt das tägliche Leben als mütterliches Über-Ich.

5. Der Mann mit der perfekten Mutter. Diese Mutter erlaubt dem Sohn, sich an sie zu binden, und gibt ihm genügend Pflege und Spiegelung, um ihn davon abzuhalten, ihre negative Seite zu entdecken.

Normalerweise erreicht sie dies, indem sie ihn ermutigt, das negative Weibliche nach außen auf jemand anderen zu projizieren, was für den Sohn eine Spaltung zwischen der guten Frau (sie selbst) und der schlechten Frau (alle anderen) erzeugt. Dieser Sohn wird zum klassisch muttergebundenen Sohn. Er sieht seine Mutter als völlig positiv - jungfräulich, rein, gut - und die andere Frau als viel geringer als seine Mutter - problematisch, sexuell, hexenähnlich und so weiter. So idealisiert er seine Mutter und diffamiert andere Frauen, wobei er oft Junggeselle bleibt und sich um seine verwitwete Mutter kümmert oder eine ideale Erinnerung an sie hegt. Der Vater ist in der Regel eher unbedeutend, schwach oder abwesend oder wird von der perfekten Mutter gründlich verunglimpft. Der Sohn sieht nur "ihre Süße" und bleibt darin gefangen. Er hat das Gefühl, er müsse bei ihr bleiben und sie beschützen, und er fühlt sich schuldig bezüglich einer möglichen Beziehung zu einer anderen Frau. Typischerweise fördert sie dieses Gefühl der Rechenschaftspflicht. Wenn er heiraten soll, ermutigt sie die Heirat mit einer schwachen, nicht herausfordernden Frau. Ein klassisches Beispiel für die perfekte Mutter wird in der Oper Carmen dargestellt. Don Joses Mutter ist allverzeihend, sanftmütig und nicht-sexuell, in scharfem Unterschied zu Carmen, die ihr vollständiges und äußerst attraktives Gegenüber ist – und am Schluss von Don Jose erstochen wird.

Die ausreichend gute Mutter

Im Gegensatz zu all diesen problematischen Müttern steht die sogenannte "ausreichend gute Mutter" (*good enough mother*, Winnicott, 1953). Sie ist nicht die perfekte Mutter, denn sie präsentiert ihrem Sohn ihr wahres Selbst, allmählich, in einem Tempo, mit dem er umgehen kann. Am Anfang widmet sie sich der Erziehung, aber mit der Zeit entwöhnt sie ihn, lässt etwas Abstand zu, erlaubt ihm, ihre Wut, ihre Unvollkommenheit, ihre negative Seite zu sehen, kurz, sie immer mehr so zu sehen, wie sie wirklich ist. Zweitens

31

erhält sie die Stärke der frühen Bindung in angemessener Weise aufrecht, was ihm in seiner späteren Entwicklung zugutekommen wird. Dabei fördert sie seine Fähigkeit, Intimität und Vertrauen in Beziehungen zu erreichen, insbesondere mit der Frau. Die Fähigkeit eines Mannes, offen und intim zu sein, hängt im Allgemeinen wesentlich von der Entwicklung seines Vertrauens in die Frau ab, was sich erst in der Beziehung zur ausreichend guten Mutter einstellt.

Drittens verleiht sie ihrem Sohn ein Gefühl des Selbstvertrauens, das er mitnehmen kann, wenn er sie verlässt. Die Mutter ist die erste Erfahrung des Sohnes mit der Welt und ihrer Verlässlichkeit oder deren Fehlen. Wenn ein Mann später in der Lage ist, sich auf seine innere Mutter zu verlassen, die gut genug ist, wird sein Ego wohlbegründet sein und sein Selbstwertgefühl wird ihn befähigen, mit Elastizität, Selbstvertrauen und der Fähigkeit, erfolgreich mit der Welt umzugehen, durchs Leben zu gehen.

Mit der Zeit wird die Mutter, die gut genug ist, ihrem Sohn auch ihre negative Seite zeigen, was ihm hilft, sich von ihr zu trennen. Bleibt die Mutter zu einseitig positiv, kann die Versuchung unwiderstehlich sein, zu Hause bei ihr zu bleiben. Die ausreichend gute Mutter zeigt ihre negative Seite, indem sie ihn entwöhnt oder ihn dem Vater oder den Babysittern "überlässt", und schließlich versteht er, dass er schliesslich dazu bestimmt ist, allein ins Leben zu gehen.

Die Kompetenz der guten Mutter besteht darin, dass ein Mann in seinem Körper und in der Welt ausreichend zu Hause sein kann, um seine Impulse und Instinkte zu fühlen und zu verstehen. Darüber hinaus gibt die gute Mutter ihm das Vertrauen (à Urvertrauen, Erikson 1950), dass er seine Bedürfnisse befriedigen und seine Wünsche erfolgreich befriedigen kann. Daher wird er wissen, wann er hungrig ist und etwas zu essen suchen kann; er wird wissen, wann er Intimität wünscht und braucht und kann sich einen geeigneten Partner suchen; er kann seinen Ärger oder seine Traurigkeit fühlen und gegebenenfalls darauf reagieren; er kann aktiv sein, sogar aggressiv, wenn eine Situation es erfordert; er kann zerstören, wenn nötig, um etwas zu erschaffen. Wenn er mit den negativen Eigenschaften des Lebens konfrontiert wird, kann er sich durch seinen Verstand und sein eigenes Wissen über die Welt schützen. Diese Art von Mutter hat es ihm ermöglicht, den elterlichen Haushalt zu verlassen, weil er die Grundlage für seinen Selbstunterhalt besitzt.

In einer optimalen Entwicklung wird das Selbstbewusstsein eines Mannes im Mutterkreis angemessen konstelliert, so dass er in der Lage ist, aus dem Elternhaus in die weite Welt zu ziehen. Er kann nun in den Vaterkreis eintreten, in den Bereich der Karriere, der Entwicklung von Fähigkeiten und der Herausforderungen der Gesellschaft. Hier kann er seinen Ehrgeiz zum Ausdruck bringen. In der nächsten

Phase wird er lernen müssen, sich auf die Erwartungen und Anforderungen der herrschenden Kultur einzustellen, was den Vater in eine Position von zentraler Bedeutung bringen wird.

Der zweite Kreis: Vater

Das Alter des Sohnes

Wenn eine Mutter ihrem Sohn die Grundlage für ein solides inneres Selbstbewusstsein gibt, hilft ihm ein Vater, die äußere Welt der Gesellschaft zu entdecken und sich wirksam mit ihr zu verbinden. Ich spreche hier nicht ausschließlich vom eigentlichen Vater, sondern vielmehr von den "Vätern", die im Leben eines Mannes in dem Bedürfnis nach Figuren wie Lehrern, Ministern, Politikern und anderen Führungspersönlichkeiten auftauchen, die nicht alle notwendigerweise biologisch männlich, aber definitiv von einer männlich-patriarchalischen Haltung geprägt sind. Die weibliche Seite des Selbst stellt für einen Mann typischerweise die Qualität seines Innenlebens dar, die sich auf Dinge wie seine Intimitäts- und Seelenerfahrungen bezieht, also auf seinen privaten und innerlichen subjektiven Raum. Die männliche Seite nimmt typischerweise den dominanten Raum in seinem Ego und seiner Persönlichkeit ein. In der Persona zeigt er sich anderen gegenüber als Mann: Er kleidet sich wie ein Mann und verhält sich wie ein Mann in einer Weise, die von seiner spezifischen Kultur anerkannt und gebilligt wird.

Der Vater, ein liebevoller und lehrender Vertreter des männlichen Prinzips, fungiert als Brücke zur Außenwelt und hilft ihm, sich positiv an die

Gesellschaft anzupassen und sich an die kollektiven Erwartungen anzupassen. Seine Vaterfiguren leiten ihn an, zu lernen, ein Mann in der realen Welt der Arbeit und der gesellschaftlichen Institutionen zu sein.

Mutter und Vater tragen daher grundlegende strukturelle Elemente in der psychologischen Veranlagung eines Mannes bei. Sie sind wesentliche Bausteine der Persönlichkeitsstruktur eines Mannes. Darüber hinaus sind die autonomen und unbewussten Mutter- und Vaterkomplexe wichtige psychische Energiezentren, die in einer kontinuierlichen und lebenslangen Umsetzung seines psychischen Lebens, sowohl in Bezug auf das Verhalten als auch auf die Einstellung, immer wieder ins Bewusstsein zurückkehren. Wie die Leitmotive einer Wagner-Oper tauchen ihre Einflüsse wieder auf und ziehen sich durch alle Phasen und Abschnitte des Lebens. Mutter und Vater existieren sowohl als reale Individuen als auch als Komplexe und Archetypen, wobei jede Ebene emotionale und psychologische Einflüsse auf die ersten Lebensjahre eines Mannes und für immer danach ausübt.

Zu Beginn des Lebens bildet die Mutterwelt die gesamte Objektwelt, auf die sich der Säugling bezieht. Innenwelt und Außenwelt sind eins, und es gibt keine ernsthafte Trennung zwischen Subjekt und Objekt. Jung nennt diese Art von Beziehung, bei der Subjekt und Objekt bis zur Identität verstrickt sind, "participation mystique" ("mystische Teilhabe"). Es ist die früheste Form von Objektbeziehungen.

Obwohl der Vater ebenso primär in der strukturellen Persönlichkeitsbildung wirksam ist, tritt er allgemein zeitlich später auf den Plan. Sein Bild erscheint wie aus einem Nebel heraus als eine zweite Hauptfigur in der Welt des Kleinkindes. Die Vaterbeziehung reicht tief in die Kindheit hinein und besteht lebenslang, genau wie die Mutterbeziehung, aber als eine bedeutungstragende Figur mit Sinngebung wird er etwas später im Entwicklungsverlauf eingeführt. Mit der Ankunft des Vaters beginnt die Psyche den Prozess der Differenzierung zwischen Objekten und zwischen Innen und Außen. Die Mutter ist intim, vertraut, nahe; der Vater ist unpersönlich, fremd und distanziert. Dies ist das frühe Bild der psychischen Erfahrung. Die Welt, zunächst erlebt als ein Ganzes, wird allmählich differenziert und gegliedert, wenn einzelne Objekte im Bewusstsein auftauchen. Dies ruft eine Vielzahl von Reaktionen hervor.

Nach **Melanie Klein** wird bereits im Kindesalter eine erste Unterscheidung zwischen "gut" und "schlecht", bzw. «böse» eingeführt. Sie verortet diese Unterscheidung in der Beziehung des Säuglings zu den beiden Brüsten der Mutter. Es gibt einen Wechsel zwischen "guter Brust" und "schlechter Brust", wobei die eine Brust als nährend, warm und tröstlich empfunden wird, während die andere die Qualität von

Verfolgung, Gift und Angriff annimmt[4]. Dies ist, so Klein, der Ursprung der Unterscheidung zwischen Gut und Böse, das früheste Bild der differenzierenden Funktion des Bewusstseins. Jung würde dem nicht unbedingt widersprechen, da er sieht, wie das Ich-Bewusstsein im Laufe der Kindheit allmählich aus dem Unbewussten hervortritt. Klein schlägt einen eher gewalttätigen und emotionalen Beginn des psychischen Lebens vor.

Daniel N. Stern hat diese ersten Anfänge der bewussten Wahrnehmung von materiellen Objekten heiterer betrachtet. Diese Phase findet jedoch innerhalb der ursprünglichen uroborischen (eng umschlossenen) Beziehung zwischen dem Selbst und dem Anderen statt. Sie stellt den Beginn einer Differenzierung in der Innenwelt dar.

Eine andere Art der Differenzierung wird vorgenommen, wenn der "Dritte", d.h. der Vater, in die Mutter-Kind-Situation eingeführt wird. Dies ist keine Unterscheidung innerhalb der Mutterwelt, sondern zwischen Mutter- und Vaterwelt, Innen- und Außenwelt. Die differenzierende Funktion des Bewusstseins beginnt nun, eine weitere Achse zu schaffen: die zwischen Frauen und Männern, weiblich und männ-

---

[4] Die moderne Säuglingsforschung interpretiert Kleins Ideen moderiert: Die «gute» Brust ist die anwesende, nährende, während die «böse» Brust die abwesende Mutter meint, die das Kind allein lässt, was Panik und Wut erzeugt. (Anmerkung des Übersetzers)

lich, innen und außen. In der vereinigten Welt der ursprünglichen Ganzheit existieren diese Merkmale nur als latente Möglichkeiten. Der ursprüngliche Urzustand der Einheit wird zwischen Gut und Böse geteilt, und dann, wenn die Figur des Vaters in die Welt des Kindes eingeführt wird, zwischen Innen und Außen, zwischen Mutter und Vater. Daraus ergibt sich eine vierfache Bewusstseinsstruktur, die das Kind zur grundlegenden Orientierung nutzt: gut vs. schlecht, innen vs. außen. Die letztere Unterscheidung wird zur Unterscheidung zwischen Phantasie (innen) und Realität (außen). Dies führt später zu zwei Arten des Denkens: Phantasie und direktes Denken.

Es muss gesagt werden, dass dieselben Unterschiede sowohl bei Mädchen als auch bei Jungen auftreten, aber ihre Entwicklung ist unterschiedlich, weil Jungen dazu neigen, sich mit dem Vater und Mädchen mit der Mutter zu identifizieren. Durch ihre Identifikation mit der Mutter erhält ein kleines Mädchen ein Gefühl der Kontinuität in seiner Identität und neigt dazu, innerlich, phantasievoll und nahe bei der Mutter zu bleiben, während ein kleiner Junge einen Bruch in seiner Welt erlebt, wenn er sich von seiner Mutter zu distanzieren beginnt, und er dazu neigt, sich nach außen in die Welt zu bewegen, um seinem Vater nahe zu sein und sich auf zielgerichtetes Denken hinzubewegen. Das sind grobe Verallgemeinerungen, die meiner Meinung nach aber die große Mehrheit der Fälle abdecken.

In der optimalen männlichen Entwicklung, oder was wir als die höchst wünschenswerte, aber schwer fassbare "normale" Entwicklung bezeichnen könnten, führt eine Mutter ihren Sohn sozusagen an seinen Vater heran und schafft eine Atmosphäre der Zugehörigkeit, die den Vater in die dyadische Welt von Mutter und Kind einbringt. Dies vermeidet eine Spaltung und führt zu einer triadischen Sozialstruktur, die stabil und dauerhaft sein kann. Im Idealfall stellt sie den Vater als eine positive Figur dar und nicht als Bedrohung für die Intimität zwischen ihr und ihrem Sohn. Damit hilft sie ihrem Sohn, seinen Vater als eine Figur des Stolzes und der hohen Wertschätzung zu idealisieren, deren Bedeutung einen Wertzuwachs für die Familie als Ganzes bedeutet. Diese anfängliche Idealisierung ist für die weitere Entwicklung absolut unerlässlich, weil der Sohn dann in der Lage ist, sich weiter zu entwickeln, und weil er dann in der Lage ist, aus seinen angeborenen männlichen Neigungen zu schöpfen, indem er sich mit seinem Vater identifiziert und danach strebt, ihn nachzuahmen, indem er das Gefühl hat, dass es gut ist, wie er zu sein, und dass die Mutter unterstützend sein wird und sich nicht verlassen, verletzt oder kritisiert fühlt. Aus dieser Idealisierung heraus wird der Ehrgeiz des Jungen geboren. Die Fähigkeit des Sohnes, seinen Vater zu idealisieren und danach zu streben, diesem Ideal zu entsprechen, ist ein Motiv für die weitere Entwicklung seiner Persönlichkeit.

Die Fähigkeit des Sohnes, seinen Vater zu idealisieren und danach zu streben, diesem Ideal zu entsprechen, ist ein Motiv für die weitere Entwicklung seiner Persönlichkeit.

Später, gewöhnlich in der frühen bis mittleren Adoleszenz, "wächst" der Sohn über seinen persönlichen Vater hinaus, entdeckt einige Defizite und wird von ihm desillusioniert. An diesem Punkt geht die Idealisierung auf andere männliche Figuren wie Lehrer, Trainer, politische Führer usw. über, die größer als der Vater zu sein scheinen und die den nächsten Schritt des Sohnes in die Welt darstellen. Auch in diesen Idealisierungen wird der Ehrgeiz in die Konstellation gebracht, wenn der Junge danach strebt, seinen Idealen ähnlich zu werden. Die Verlagerung der Idealisierungen des Sohnes trägt dazu bei, den Sohn von seinem eigentlichen Vater und seinem elterlichen Nest zu befreien. Er kann wegfliegen und seine eigenen Flügel testen. Die Rolle des Vaters besteht an diesem Punkt optimal darin, sich als Ideal seines Sohnes verdrängen zu lassen und zu verstehen, dass es für seinen Sohn angemessen ist, weiterzugehen.

Nietzsche stellte fest, dass es das Kennzeichen eines guten Lehrers ist, dass seine Schüler über ihn hinauswachsen und dass er ihre Entwicklung genießt. Ebenso ist es das Zeichen des guten Vaters, dass er sich darüber freuen kann, wenn sein Sohn ihn in gewisser Weise überholt.

Wenn der Vater in diesem Stadium über ihn hinausgewachsen ist, wird er im späteren Leben, oft in der Mitte seines Lebens, in der Erinnerung, der Fantasie und den Träumen seines Sohnes zurückkehren. Er mag zu diesem Zeitpunkt zwar schon gestorben sein, aber in der Psyche ist seine weitere Anwesenheit gesichert. Er kehrt nicht als der historische Vater zurück, der idealisiert und über ihn hinausgewachsen ist, sondern als eine Selbstfigur. Das archetypische Selbst wird auf diese Weise personifiziert, indem es aus den verborgenen Tiefen des Unbewussten in das konkrete Erinnerungsbild übergeht. Während das Selbst in Träumen in abstrakten Formen wie Sternen, Kreisen, Quadraten, Zahlen usw. erscheinen kann, erscheint es nun in personalisierter Form in der Figur des Vaters.

Die Rolle des Vaters: Initiation

Die wesentliche Rolle des Vaters besteht darin, seinen Sohn in die Männlichkeit zu initiieren oder zumindest entscheidend bei der Initiation zu helfen. Die früheste Phase dieser Initiation erreicht der Vater, indem er in der Welt der Mutter erscheint und sich selbst als alternativen Orientierungspunkt anbietet, der die Unterscheidung zwischen dem Männlichen und dem Weiblichen, dem Äußeren und dem Inneren ermöglicht. Als nächstes bietet er sich selbst als Objekt der Idealisierung an.

Nicht alle Väter lassen es zu, sich idealisieren zu lassen, und diese Verweigerung schafft ein Defizit in der Entwicklung des Sohnes. Die Idealisierung übt einen gewissen Druck auf den Vater aus, einer Projektion gerecht zu werden. Der Druck, der mit zunehmendem Alter des Sohnes wächst, verlangt, dass der Mann einem Ideal gerecht wird, das seine Freiheit einschränken kann. In diesem Sinne kann man sagen, dass Kinder ihre Eltern erschaffen, obwohl einige Väter sich dieser Entwicklung stark widersetzen. Ein Vater kann solche Idealisierungen zurückweisen, wenn eine zu große Diskrepanz zwischen seinem eigenen (besitzarmen) Selbstbild oder seinem Mangel an Reife und dem Idealbild, das sein Sohn ihm widerspiegelt, besteht. Er kann sich in des Sohnes Idealbild gefangen oder eingesperrt fühlen.

Durch die Idealisierung des Vaters löst sich dann der Sohn weiter von seiner Mutter (und seinen Schwestern). Er kann sich an diesem Punkt besser fühlen als sie und auf der Grundlage der männlichen Fähigkeiten, die er mit dem Vater teilt, seine Überlegenheit behaupten, seine Fantasien (als Drachentöter oder Supermann, wie sein Vater) grandios darstellen und sich als Mann voll von sich selbst fühlen. Die Idealisierung des Vaters wirkt auf mehreren Ebenen - physisch (er ist größer, stärker), kognitiv (er ist klüger, fähiger, Dinge zu tun) und sozial (er hat einen größeren Kreis von Freunden und Kollegen). Dem idealisierten Vater wird ein großes Wissen über die Welt zugeschrieben - er lebt "da draußen", er kennt sich mit Orten außerhalb des Hauses aus und er kann Dinge richten, die die Mutter nicht richten kann. Der Sohn nimmt die berufliche oder soziale Stellung seines Vaters zur Kenntnis und vergleicht diese individuell mit den häuslichen Rollen der Mutter. Der Sohn baut so einen positiven Vaterkomplex auf und identifiziert sich mit der männlichen Selbstdarstellung seines Vaters in der Welt, die dann rezessiv wird und ins Unbewusste abfällt.

Irgendwann wird der Vater sich erlauben müssen, sich zu ent-idealisieren. Dies geschieht oft plötzlich und überraschend. Es wird ein Wort gesagt, etwas gesehen, oder der Vater enttäuscht auf eine gewisse kritische Art und Weise, die der Sohn nicht ganz versteht, und der Sohn ist in der Folge enttäuscht und desillusioniert. Der Vater ist nicht so groß, wie er sich das vorgestellt hat.

Der erste Schritt bei der Initiation ist die Identifikation mit einem Ideal; der zweite ist der Verlust durch den Verrat dieses Ideals. In der Phase der Identifikation lernt der Sohn, seine phallische Kraft zu beanspruchen und seine männliche Stärke zu spüren, was später mit seiner Kreativität und Fruchtbarkeit verbunden wird. In der zweiten Stufe der Initiation, dem Verrat, wird der Sohn aus der Bindung an den Vater befreit. Der Verrat ist wesentlich, um zu verhindern, dass der Sohn für immer an den Vater gebunden ist.

James Hillman erzählt in seinem wichtigen Aufsatz "Über den Verrat" eine alte jüdische Geschichte neu: Ein Vater bringt seinen Sohn in den Keller ihres Hauses, wo er ihm sagt, er solle eine Kellertreppe hinaufsteigen und seinem Vater in die Arme springen.

Der Sohn gehorcht, und der Vater erwischt ihn. Der Vater sagt ihm dann, er solle die Handlung wiederholen, diesmal zwei Stufen hinaufsteigen. Der Sohn klettert, springt und wird gefangen. Wieder, sagt der Vater, eine weitere Stufe höher; und wieder klettert, springt und wird gefangen. Dies wird wiederholt, bis der Sohn die Stufen ziemlich weit hinaufgeklettert ist. Er springt noch einmal; aber diesmal fängt ihn der Vater nicht auf. Der Sohn fällt und wird verletzt; er ist wütend und erstaunt. Die Lektion, sagt der Vater, ist, dass das Leben so ist; außerdem wird er, der Vater,

45

nicht immer da sein, um seinen Sohn aufzufangen. So wird der Sohn durch eine Handlung oder einen Fall von Verrat von der Abhängigkeit vom Vater befreit. Dieser Verrat muss natürlich zum richtigen Zeitpunkt kommen, und der Sohn muss die Möglichkeit haben, aus dieser Erfahrung zu lernen, zu wachsen und in die Unabhängigkeit zu gehen. Wenn er zu früh oder zu konsequent kommt, wird sich ein negativer Vaterkomplex entwickeln und damit eine Abneigung gegen jede väterliche Autorität. Aber der hinreichend gute Vater ist in der Lage, im richtigen Moment seinem Sohn seine negative, unglaubwürdige Seite zu zeigen und seinen Sohn die Konsequenzen tragen zu lassen.

Alle Einweihungen haben ein Element des Risikos und der möglichen Katastrophe. Ohne das ist es keine echte oder effektive Einweihung. Das Ergebnis der Initiation muss das Gefühl des Menschen für seine innere Widerstandsfähigkeit, Stärke und Zuverlässigkeit sein, um die Prüfungen des Lebens zu bewältigen, ohne zusammenzubrechen.

Die Eingeweihten und die Uneingeweihten

Wenn ich den Eingeweihten dem Uneingeweihten gegenüberstelle, sollte man erkennen, dass kein Mensch ganz das eine oder das andere ist. Diese Konzepte stellen die extremen Enden eines Spektrums dar, das auf der Verwandtschaft mit dem Vater basiert. Dennoch kann man bei der Beobachtung des Mannes oft einen klaren Unterschied zwischen denjenigen sehen, die stärker initiiert sind, und denjenigen, die es nicht sind.

Der eingeweihte Mann hat das Männliche in sich selbst als innere Struktur aufgenommen. Es ist ein Teil seiner Selbstdefinition und seines Selbstgefühls. Er hat einen Initiationsprozess oder Prozess durchlaufen, in dem er herausgefordert wurde und sich in der Lage sah, das Männliche in sich selbst zu erkennen - er fühlte seinen Phallus, d. h. seine Stärke als Teil seiner selbst und seine Stärke und Leistungsfähigkeit als Mann.

Außerdem ist er nicht in Abhängigkeit von einer bestimmten Vaterfigur gebunden, sondern kann sich auf Vaterfiguren oder starke männliche Bilder als Bezugspunkte stützen. Er ist in der Lage, seinen buchstäblichen und symbolischen Phallus in seinem Leben einzusetzen und kann sich so gegen andere mächtige männliche Figuren, die ihn herausfordern, behaupten. Er kann auf seinen eigenen Füßen stehen, kann unabhängige Urteile fällen, sich der Autorität stellen und selbst Autorität tragen. Er ist das, was die Menschen "selbstbewusst" nennen. So kann er ein Vater sein - oder ein Manager oder ein Chef oder eine Führungskraft. Er ist weder von seiner Mutter abhängig, von der ihn sein Vater befreit hat, noch von seinem Vater, von dem er durch die Initiation befreit wird.

Der Uneingeweihte

Der uneingeweihte Mann hingegen neigt dazu, neben oder außerhalb des Kreises der männlichen Autorität zu stehen, als ob er nicht ganz aus der Mutterwelt in die Welt des Vaters gezogen wäre. Er hat Schwierigkeiten, seine eigene phallische Kraft oder männliche Stärke zu spüren. Er hat ein Problem mit dem Ehrgeiz, indem er entweder zu viel oder zu wenig zeigt. Er neigt dazu, außerhalb seiner selbst nach männlichen Machtfiguren zu suchen, mit denen er sich identifizieren kann, und versucht, seine männliche Kraft stellvertretend zu stärken.

Beispiele finden sich bei den Anhängern starker Führer, die sich in den Dienst solch mächtiger männlicher Figuren stellen, um die phallische Autorität durch Nähe zu erlangen. Ähnlich streben einige diese Autorität durch die Identifikation mit einem mächtigen Unternehmen oder einer Institution an. Ein Uneingeweihter kann seine eigenen Werke und Fähigkeiten nicht idealisieren, auch wenn sie in den Augen der Welt vielleicht ganz außergewöhnlich sind.

Es gibt zwei allgemeine Arten von Uneingeweihten. Der eine Typ sucht Schutz als Anhänger, der immer um Rat fragt und Unterstützung von starken Männern sucht, und zwar auf der ständigen Suche nach einer Vaterfigur, hinter der er sich verstecken kann.

Im Gegensatz dazu rebelliert der andere Typ gegen männliche Autoritätspersonen und behauptet eine scheinbare Unabhängigkeit, die in Wirklichkeit eine Gegenabhängigkeit ist, da er den anderen braucht, um aufrecht zu stehen. Dieser Typ ist nicht in der Lage, einen Mentor zu idealisieren; er nähert sich potenziellen Vaterfiguren negativ, oft mit Wut, oder er gerät sofort in Konkurrenz zu ihnen. Dieser Mann endet als Einzelgänger. Auf den ersten Blick sieht er vielleicht initiiert aus, aber bei genauerem Hinsehen bekommt man das Gefühl von Schwäche und fehlender innerer Struktur.

Oft ist er subtil an seine Mutter gebunden, so dass er, wenn die Frau, von der er abhängt, sich zurückzieht, in die Sucht abstürzt oder einen Selbstmordversuch unternimmt.

Tatsächlich sind die meisten Männer irgendwo entlang eines Initiationsspektrums angesiedelt. Die Initiation findet das ganze Leben lang statt, beginnend mit der klassischen Initiation in der Adoleszenz. Spätere Initiationen können mit Hilfe eines Mentoring-Colleges oder einer Graduiertenschule oder von Arbeitgebern und Institutionen im Berufsleben oder in Beziehungen erfolgen, wenn sie in Verrat und einem Bruch enden. Dieser lebenslange Prozess der Initiation findet in der Welt des Vaters statt. Der Vater ist der erste Initiator. Wenn er die Grundlagen gut legt, kann sein Sohn spätere Idealisierungen und Verrat so erleben, dass er wachsen kann.

Väter und Söhne

So wie es Muttertypen gibt (siehe vorherige Vorlesung), so gibt es auch Vatertypen. Damit werden spezifische Probleme bezüglich des Übergangs eines Mannes aus der Mutterwelt in die Welt des Vaters etabliert.

Der abwesende Vater. Die erwachsene Psyche eines Mannes kann eine Lücke aufweisen, wo das Vaterbild sein sollte. Der "Vatereffekt" ist einfach nicht vorhanden. Es handelt sich um einen Mann ohne verinnerlichtes Vaterbild, obwohl er vielleicht einige Erinnerungen an einen Vater hat. Aber der Effekt eines Vaters in seiner psychologischen Entwicklung fehlt. Sein aktueller Vater kann physisch abwesend gewesen sein, z.b. in den Krieg gezogen oder durch eine Scheidung auseinandergelebt haben, oder er war im Grunde genommen ein nicht funktionierender Vater, obwohl er im Haushalt lebt. Infolgedessen ist der Sohn im Erwachsenenalter "ruderlos". Wenn er eine gute Mutter hätte, könnte man sagen, dass er ein starkes, enges Boot hat, aber er weiß nicht, wohin er damit fahren soll; es fehlt ihm der Orientierungssinn. Der Mangel an Ehrgeiz, in dieser Welt erfolgreich zu sein, ist eine Folge dieses Problems. Der Vater fehlte als Figur, um vom Sohn idealisiert zu werden, so dass der Sohn nicht den Ehrgeiz erlebt haben wird, so groß und heroisch wie sein Vater zu sein, und später vermisst er auch das Gefühl der Meisterschaft und des Erfolgs, das sich ergibt, wenn solche Ambitionen erfüllt werden.

Das Gefühl, dass Leistungen in der realen Welt besser sind als phantastische Vorstellungen, kommt beim Sohn nicht an und führt im Leben dieses Mannes nicht zur Motivation, den Übergang aus der Mutterwelt zu schaffen.

In Abwesenheit eines ausreichend guten Vaters, wie im Fall des Fehlens einer ausreichend guten Mutter, kompensiert die Psyche durch die Schaffung eines archetypischen Bildes der fehlenden Figur. Der so resultierende "göttliche" Vater kann so weit vom Alltag entfernt sein, dass keine Modifikation des hohen Ideals möglich ist, und der Sohn kann daher niemals hoffen, eines der im Bild symbolisierten Ideale zu erreichen. **Arthur Coleman** bezeichnet ein solches Bild als den "Himmelsvater", einen rein symbolischen Vater. Der wirkliche Vater, der als Träger für die Idealisierung und später für die allmähliche Veränderung des Ideals fungiert hätte, fehlt.

Ein "ruderloser" Mann steht also vor dem Problem, dass, wenn eine Aufgabe von ihm gelöst werden sollte, sie zu groß für ihn ist - oder aber das Gegenteil: Wenn die Aufgabe etwas ist, das er bewältigen kann, ist sie unter seiner Würde und nicht der Mühe wert. Ein solcher Mann ist nicht unbedingt völlig dysfunktional, aber er wird seinem inhärenten Potenzial nicht gerecht.

Ein Sohn des "ruderlosen" Vaters hat ein ähnliches Problem, denn sein Vater kann zwar eine Familie gründen, kann aber den Ehrgeiz und die

51

Richtung, die ihm selbst fehlt, nicht weitergeben. Der Sohn eines solchen Vaters mag vielversprechend erscheinen, kann aber auch steuerlos sein, wenn auch etwas weniger. Als Gelehrter kann er zum Beispiel mit einem Masterabschluss aufhören, obwohl der Doktortitel völlig angemessen und im Rahmen seiner Möglichkeiten wäre. Er hat sich mit dem "ruderlosen" Vater identifiziert, und diese Identifikation ist ungebrochen, weil der ruderlose Vater den Initiationsprozess für seinen Sohn nicht abgeschlossen haben wird. Wie sein Vater hat er das zugrunde liegende Problem der Grandiosität, des geringen Selbstwertgefühls und der Unfähigkeit, die kleinen Schritte zu bewältigen, die zu großen Leistungen führen.

Der verlassende Vater. Obwohl dieser Mann einige Ähnlichkeiten mit dem Mann ohne Vater hat, gibt es doch subtile Unterschiede. Dieser Vater verlässt das Kind vielleicht nicht physisch, aber er neigt dazu, es der Mutter zu überlassen. Es fällt ihm schwer, seinem Sohn zu erlauben, sich mit ihm zu identifizieren und ihn zu idealisieren, so dass er ihn nicht in die Männerwelt einführen kann. Der Vater ist oft selbst ein *puer aeternus* ("ewiger Jüngling"), da er mehr in einer Welt der Möglichkeiten und der Phantasie als in der Realität lebt, mehr im Potenzial als in der Verwirklichung von Potenzialen. Er ist oft zu sehr mit seinen eigenen Projekten beschäftigt, um sich um seinen Sohn zu kümmern. Er ist distanziert und kalt und erwartet nichts von seinem Sohn.

Teil der Initiation ist aber die Erwartung der Leistung des Sohnes: der Vater stellt Forderungen und zeigt bedingungsabhängige Liebe (im Gegensatz zur klassischen bedingungslosen Liebe der Mutter). Seine Bedingungen an die Akzeptanz des Sohnes, wenn sie dem Entwicklungsstand und den Fähigkeiten des Sohnes entsprechen, bieten die Chance, dass der Sohn Leistungen erbringt und Meisterschaft erlangt.

Der verlassende Vater ist zu gefühllos und zu oberflächlich. Ihm ist es egal, ob der Junge in der Schule eine Eins oder eine Drei bekommt; er ist unbeteiligt. Er kann daher kein Initiierungsmeister sein, dem es egal ist, was mit dem Boy passiert. Er ist nachlässig, möglicherweise ein Alkoholiker. Der Sohn eines alkoholkranken Vaters erlebt diesen als einen verlassenden Vater (und als einen bedrohlichen, wenn Mutter und Kinder durch seinen Alkoholkonsum gefährdet sind), weil er in seine eigene Sucht und in muttergebundene Probleme verwickelt bleibt.

Der ödipale Vater. Freud beschrieb die Vater-Sohn-Beziehung im Sinne des klassischen Ödipus-Komplexes. In dieser Sichtweise nimmt der Sohn einen privilegierten Platz bei der Mutter ein und erzeugt Eifersucht beim Vater. Der Vater wird zu einer Bedrohung für den Sohn, weil er seine Priorität bei der Mutter durchsetzen will und versucht, den Sohn von der Mutter zu trennen. Dies erzeugt im Sohn das, was Freud als Kastrationsangst bezeichnete. Diese Angst wird zur Grundlage dessen, was Freud das Über-Ich nannte, So wird der Vater als ein bedrohliches Bild verinnerlicht, ja sogar als Feind des Erfolgs des Sohnes im Leben.

Es stimmt, dass die Einführung eines Kindes eine große Veränderung bewirken kann, wenn ein neu verheiratetes Ehepaar eine enge Beziehung zueinander hatte. Der Vater hat nicht mehr den ausschließlichen und unbegrenzten physischen Zugang zu seiner Frau, weil ein Baby Vorrang hat. Die starke Bindung einer Mutter an ihre Kinder kann, zumindest eine Zeit lang, ihre Gefühle der Nähe zu ihrem Mann überwiegen. In diesem Gefühl kann sich der Vater zurückziehen und sich distanzieren oder aber er wird sehr konkurrierend mit den Kindern. Er kann intolerant, ängstlich und besitzergreifend werden und sich weigern, die Liebe der Mutter zu teilen. Und er weigert sich, seinen Sohn in die Männlichkeit einzuführen. Der Sohn, der einem ödipalen Vater gegenübersteht, hat einen Vater, der eher ein Feind als ein «Initiationsmaster» ist.

Der ödipale Vater neigt dazu, extrem repressiv zu sein. Er bringt seinen Sohn in Situationen, in denen er nicht wachsen kann. In Familienbetrieben sieht man Kinder, die unter der Fuchtel des Vaters gehalten werden. Er gibt seine Machtposition nicht auf und zwingt seine Kinder in unterwürfige Positionen. Dieser Typus wird in der frühen griechischen Mythologie literarisch dargestellt. Der Himmelsgott Uranus reagiert mit Furcht auf die Vorhersage, dass sein Sohn Kronos aufwachsen und ihn stürzen wird. Bei der Geburt des Sohnes der Mutter der Erde, Gaia, versucht er daher, dem vorzubeugen, indem er den Sohn zurück in die Erde schiebt, symbolisch in den Mutterleib, und ihn dort festhält. Der Vater kann den Gedanken nicht ertragen, von seinem Sohn übertroffen zu werden, und fürchtet Vergeltungsmaßnahmen des Sohnes. Im Mythos geschieht dies tatsächlich, wenn Kronos schließlich aus der Knechtschaft ausbricht und es ihm gelingt, seinen Vater zu kastrieren. Dieses Muster wiederholt sich später, wenn Kronos von seinem unterdrückten Sohn Zeus kastriert wird.

Diese Art von Vater ist, im Jungschen Sinne, ein Senex-Vater, distanziert, kalt und repressiv.

Der zu gute Vater. Das ist ein Vater, der einseitig positiv ist und seine Schattenseite nicht zeigen lässt. Er verrät seinen Sohn in keiner Weise, sondern nimmt ihn immer auf und beschützt ihn. Das hat den Effekt, dass der Sohn zu Hause bleibt und von ihm abhängig ist. Die Botschaft lautet: "Ich habe dieses großartige, wunderbare Haus, und du wirst es draußen nie so gut haben." Die effektive Kommunikation lautet: "Du kannst es nicht alleine schaffen, du bist nicht gut genug, also bleibst du besser hier bei mir. Du brauchst meinen Schutz, und ich bin froh, ihn dir bieten zu können."

Der Vater bietet Trost und Sicherheit, aber das untergräbt die Sicherheit des Sohnes, weil es ihn daran hindert, sich in der realen Welt zu erproben und sein eigenes Selbstwertgefühl zu entwickeln. Diese Konstellation wird oft in privilegierten Klassen gesehen. Für Söhne, die Erben von Vätern mit hoher Stellung oder großem Vermögen sind, ist es sehr schwierig, eine echte Initiation zu erreichen und aus dem "Haus des Vaters" befreit zu werden. Wenn das Haus des Vaters zu reich und behaglich ist und der Vater zu gut ist, und wenn es nie zum Vertrauensbruch kommt, wird der Sohn väterlich gebunden bleiben.

Der dritte Kreis: Anima

Das Alter des Helden

Wir bewegen uns nun zum dritten Kreis in der sich entfaltenden psychologischen Entwicklung eines Mannes. Es ist die Stufe des Helden und stellt eine weitere große Herausforderung dar, mit der er sich auseinandersetzen muss: die Anima.

Was ist die Anima? Während die Mutter- und Vaterkomplexe zwei grundlegende strukturelle Stränge in der Persönlichkeit des Menschen darstellen, kann man sich die Anima als eine dynamische, transformative Kraft vorstellen. Die Anima stellt die schöpferische Energie eines Mannes dar und leitet die Reise des Helden in seiner Entwicklung ein. Die Anima wird im Allgemeinen als weiblich dargestellt und als kontrasexuelles Element der männlichen Geschlechtsidentität eines Mannes konzeptualisiert. Sie ist sein inneres Anderes, seine Seelenpartnerin.

Es ist wichtig, den wesentlichen Unterschied zwischen der Anima und dem Mutterkomplex zu beachten. Beide sind von Natur aus weiblich, aber die Anima spielt im Leben eines Mannes eine ganz andere Rolle als die Mutter. Während die Mutter seine Persönlichkeit stabilisiert und bewahrt, ist die Anima dynamisch und motiviert ihn, seine eigene, einzigartige Richtung im Leben zu finden. Die Anima ist der Archetyp des Lebens selbst, die Lebenskraft. Das lateinische Wort *anima* bedeutet Seele. Sie belebt den psychischen Körper als eine Kraft der Vitalität. Sie fordert Lebendigkeit und Veränderung und eine ständige Weiterentwicklung, und sie liefert die Energie und den Antrieb für die Transformation, die ein Mensch durchlaufen muss, um seine Identität von der Vaterwelt zu seinem eigenen Wesen zu erlangen, frei und unabhängig zu werden. Und, wie alle Männer wissen, die sie erlebt haben, ist sie nicht rational.

Die Anima verlangt von einem Mann ein uneingeschränktes Bekenntnis zu sich selbst und zu seinem eigenen Leben. Dies ist eine Herausforderung an die Verantwortung. Männer haben verständlicherweise Schwierigkeiten, diesen Schritt zu tun, weil er bedeutet, die Sicherheit der Welt von Vater und Mutter zu verlassen. Aus Angst werden sie konservativ und halten sich zurück, halten immer "einen Fuß auf der Bremse". Sie haben vielleicht ein Problem damit, die von der Anima geforderten Opfer zu bringen. Sie haben Vorbehalte und Zweifel, weil sie fürchten, dass es ihnen an inneren Ressourcen fehlt, um die Aufgabe zu erfüllen, die sie sich gestellt hat. Es scheint unmöglich zu sein, nicht physisch, sondern psychisch und spirituell. Es wird als dummer Traum, als Illusion abgetan. Sie werden in etablierten Gewohnheiten des Geistes eingefroren. Sie verzichten auf das Heldentum und geben sich mit dem Konventionellen zufrieden.

In Mythos, Märchen und Fantasy-Literatur wird die Herausforderung der Anima klassisch als die

Aufgabe dargestellt, die Hand der schönen jungen Frau zu gewinnen oder sie aus der Gefangenschaft zu befreien.

Die Heirat mit ihr symbolisiert die Fähigkeit eines Mannes, eine dauerhafte Verbindung mit der Seele herzustellen und sich ihr zu verpflichten, "bis dass der Tod uns scheidet".

Während der Prozess der Konfrontation, des Gewinnens und der Integration der Anima klassischerweise zur Mitte des Lebens gehört, wird ein Mann im Laufe seines Lebens in verschiedenen Formen auf die Anima treffen, in der Regel, indem er eine bemerkenswerte Frau mit geeigneten Merkmalen und Eigenschaften entdeckt und seine Anima auf sie projiziert. Dies kann schon früh im Leben beginnen. Ein kleiner Junge kann sich in eine Spielkameradin oder eine ältere Frau, die nicht seine Mutter ist, wie z.b. eine Krankenschwester, eine Lehrerin oder eine Cousine, verlieben. In der Adoleszenz kann die Anima auftreten, wenn sich ein Junge in einen Filmstar oder eine schöne unerreichbare Frau verliebt.

In allen Fällen wird er die archetypischen Leidenschaften der romantischen Sehnsucht, der Eifersucht und der hilflosen Verliebtheit erleben. Schließlich wird er der Anima vielleicht in einer zugänglicheren Form begegnen und sie überreden, ihn zu heiraten. Eines der Ziele der Anima ist es, einen Mann aus seinem vertrauten elterlichen Kontext in eine unbekannte zwischenmenschliche und kulturelle

Welt zu ziehen. Sie regt die "exogame Libido" - den nicht inzestuösen Eros - an, so dass er Mutter und Vater hinter sich lässt und sich in die weite Welt hinauswagt. Der klassische, ausgewachsene Ruf der Anima ("anima-call") findet in der Mitte des Lebens statt, nachdem ein Mann sich in der Vaterwelt etabliert und alle notwendigen Investitionen in sein Leben als Mitglied der kollektiven Gesellschaft getätigt hat.

Es gibt viele literarische Beispiele für die irrationale Kraft der Anima im Leben eines Menschen. Eines meiner Lieblingswerke ist Shakespeares Kleopatra. Auf ihr Zeichen hin gibt Markus Antonius seine Rolle als pflichtbewusstes Mitglied des herrschenden Triumvirats in Rom auf und lebt mit der exotischen Kleopatra in Ägypten. Letztendlich verliert er ihr zuliebe sein Leben und sie das ihre seinetwegen.

Es ist eine warnende Erzählung über die Gefahren des Tierbesitzes. Eine der beliebtesten literarischen Anima-Figuren von Jung war die überlebensgroße weibliche Figur in Henry Rider Haggards Roman **She** aus dem 19. Jahrhundert. Diese ebenfalls in Ägypten angesiedelte Geschichte spielt im dunklen, unbekannten Inneren des Landes, wo ein Mann eine unsterbliche weibliche Figur entdeckt, die als "Sie, der man gehorchen muss" bekannt ist. Ihre Macht ist überwältigend und absolut unwiderstehlich. Außerdem ist sie uralt und in die Geheimnisse von Tod und Wiedergeburt eingeweiht: Sie kann wie ein Phönix in Flammen aufgehen und sich in eine jugendliche

Jungfrau verwandeln. Wenn sie ruft, findet ein Mann sie unwiderstehlich. Für Jung illustrierte diese Figur die Macht der Anima, die den Lauf des Lebens eines Mannes bestimmt. Er selbst spielt in seinem berühmten Roten Buch auf eine solche Erfahrung an.

Wenn ein Mann im Leben auf die Anima trifft, verspürt er den überwältigenden Wunsch, ihr nahe zu kommen. Sie stellt ein Versprechen der Verwandlung und Erfüllung dar - in ihrer Gegenwart entdeckt sich der Mensch wie zum ersten Mal. Er ist ein neuer Mensch. Die Anima verspricht Transformation, sowohl physisch als auch spirituell. Wenn er nur sein Leben mit dem ihren vereinen kann, fühlt er, dass sie ihn zu einem neuen Menschen machen und sogar unsterblich machen wird. Aber er wird auch Gefahr in ihrer Nähe spüren - sie kann ihn zerstören.

Die Anima ist eine zweideutige Figur - anziehend wild und zerstörerisch und gleichzeitig verjüngend und kreativ. Wenn sie in der Mitte ihres Lebens in Erscheinung tritt, entzündet sie ein Zusammenschmelzen von festen Strukturen und Identifikationen. Sie beansprucht einen Mann für sich und zieht ihn in das Feuer ihrer transformierenden Energie.

Als Muse inspiriert sie Poesie und große Träume. Als Göttin erwirkt sie absolute Hingabe. Die Troubadour-Bewegung des Mittelalters war eine Anima-Manifestation auf kollektiver Ebene, und sie ist die Geliebte der romantischen Tradition.

Sie ist in den Mythologien der ganzen Welt vertreten - als Aphrodite, Freya und Parvati, um nur einige wenige zu nennen.

Die Verwüstung, die entsteht, wenn sie zurückgewiesen wird, oder verloren geht, ist dramatisch. In Richard Wagners "Ring" erzählt das erste Werk "Das Rheingold" von Wotans Versprechen, Freya, die Liebesgöttin, den grotesken Riesen Fafnir und Fasolt als Bezahlung für den Bau seines grandiosen Palastes Walhalla zu geben. Unter den Göttern führt der Verlust von Freya zu einer Krise, denn er bedeutet, dass sie allmählich altern, ihre Schönheit verlieren und sterben werden. Ein einziger Tag ohne sie sieht, wie die Äpfel in ihrem Obstgarten verwelken und verfaulen und die Götter alt, krank und schwach werden. Der Rest des Dramas ergibt sich aus dem dringenden Bestreben der Götter, sie zurückzuholen und ihre Verjüngungskräfte wiederzugewinnen. Sie ist die Anima der Götter, und als solche ist sie die Quelle des Lebens, der Lebensfreude und des Lebensgefühls (*joie de vivre* und *élan vital*).

In Bezug auf die Anima erlebt der Mensch seinen tiefsten Sinn für Spiel und Kreativität sowie seine vollkommene Freiheit und das Gefühl der Befreiung von alltäglichen Sorgen. Wenn eine mit Anima erfüllte Frau mit einem Mann eine Beziehung aufnimmt, ist es so, als ob ihm der Wiedereintritt ins Paradies gestattet wäre. Sie ist die Quelle der

Glückseligkeit, des Lebens selbst und all seiner Freuden.

Anima gegen Persona

Es kann mit Sicherheit davon ausgegangen werden, dass die Anima der Feind der Persona sein wird. Die Persona definiert die soziale Identität eines Menschen, da sie in Übereinstimmung mit den Erwartungen anderer gebildet wird und in der Annahme von Rollen und Positionen wurzelt, wie sie von der Vaterwelt angeboten werden. Die Persona nimmt durch einen allmählichen Prozess der Nachahmung, Erziehung, Anpassung und Identifikation Gestalt an.

Sie basiert auf der Spiegelung des Gesehenen im unmittelbaren sozialen Umfeld oder alternativ auf der Reaktion gegen das umgebende Milieu. Es ist kein oberflächlicher Aspekt der Persönlichkeit. Sie hat ihren Ursprung in der frühen Kindheit. Um sich zunächst auf seine Mutter und seinen Vater beziehen zu können, wird ein Sohn zu einer Art kleiner Person und beginnt, eine soziale Identität, positiv oder negativ, innerhalb des familiären Kontextes zu entwickeln. Unter Gleichaltrigen findet er schließlich eine Nische als eine bestimmte Art von Junge - der kluge, der hübsche, der sportliche, der beliebte, der schlechte und so weiter. Dies alles sind Personas, und sie bilden die Schnittstelle zwischen einem Mann und der ihn umgebenden sozialen Welt. Sie signalisieren der Welt, welche Rollen dieser Mann erfüllen soll.

Während die Eltern den frühesten und wichtigsten Beitrag zu dieser sozialen Identität leisten, sind Gleichaltrige später ebenfalls sehr wichtig. Erik H. Eriksons Definition der "psychosozialen Identität" bietet eine treffende Darstellung der Persona: Es ist eine Vereinbarung zwischen sich selbst und bedeutsamen anderen darüber, wer und was für eine Art von Person man ist. In der Adoleszenz, wie Erikson bekannterweise schrieb, wird die Persona zu einem akuten Problem, da der Jugendliche sich intensiv darauf konzentriert, was seine Altersgenossen von ihm denken. Die Frage nach der Persona lautet: "Wie verhalte ich mich zu der Gruppe, und wie sehen mich die anderen in der Gruppe? Der Verlust des Gesichts kommt einer Schande gleich und kann zu schweren emotionalen Konsequenzen führen.

Im besten Fall gibt die Persona einem Mann die Sicherheit, zu wissen, dass er einen Platz in der Welt hat. Sie bietet eine Grundlage für seine soziale Stellung in der Gemeinschaft. Von dieser Position aus kann er Macht und Einfluss ausüben. Darüber hinaus bietet sie ein Werkzeug, mit dem er versuchen kann, sein Innenleben zu meistern.

Durch die Identifikation mit seiner Persona kann alles in seinem Innenleben, was nicht zu seinem Selbstbild zu passen scheint, beiseitegeschoben werden. So kann er seine Energien in seine Arbeit lenken und sich eine materielle Position in der Welt aufbauen.

Der Eintritt der Anima in die Szene erzeugt eine enorme Spannung und Instabilität, da sie das Engagement eines Mannes in der Persona herausfordert und einen Bruch in seiner Abwehr gegen die belastende Sehnsucht nach tieferer emotionaler Befriedigung öffnet. Sie kann einen Mann dazu motivieren, Mutter und Vater, Frau und Familie und alle offiziellen Pflichten zu verlassen, um sich in einem Moment der Überschwänglichkeit und des leidenschaftlichen Exzesses des schieren Lebensglücks zu überlassen. In der Welt der Oper – man denke z. B. an La Traviata - herrscht typischerweise die Anima. Ein typischer opernhafter Konflikt besteht darin, dass ein Mann zwischen seiner Pflicht gegenüber Vater, König, Mutter oder Ehefrau und seiner Liebe zu einer unkonventionellen Frau hin- und hergerissen ist.

Ein solcher Lebenskonflikt ergibt sich aus dem Unterschied zwischen den Absichten der Anima und den konventionellen Forderungen der Persona.

Wenn die Persona fest an ihrem Platz ist und das Ego sie stark akzeptiert und sich mit ihr identifiziert hat, kommt die Anima klassischerweise dazu, die Identifikation mit der Persona zu kompensieren, ja sie wegzudrängen - um es dramatischer auszudrücken. Das Ziel ist es, die Individuation des Menschen einzuleiten. Die klassische Geschichte der Individuation beginnt in der Mitte des Lebens, wenn die Persona mit einem Willen kollidiert, der verlangt, dass der Mann mehr als seine Persona wird - einzigartig, besonders und anders als der kollektive Durchschnitt. Die Quelle dieser Forderung ist die Anima, daher erscheint sie immer als unkonventionell.

Das Erscheinen der Anima führt typischerweise zum "Zusammenbruch" der Persönlichkeitsstrukturen und Identifikationen eines Mannes. Sie fordert Geschmeidigkeit und Flexibilität, die den eingefahrenen Vorstellungen und Gewohnheiten eines Mannes widersprechen.

Diese Fixierungen werden zur Zielscheibe ihrer Aggression, und je tiefer sie eingebettet sind, desto mehr wird sie sie angreifen. Sie ist dann am gefährlichsten, aber es besteht auch das Potenzial für ihren größten kreativen Beitrag zu den Möglichkeiten der Transformation und der Individuation. Eine kollaterale Gefahr besteht darin, dass ein Mann Animabesessen wird und jeden gesunden Menschenverstand und jede Rationalität verliert. Das ist eine Art von Wahnsinn. Andererseits liegt das Individuationspotenzial darin, eine Transformation zu durchlaufen, die einen Menschen für immer von seinen früheren Abhängigkeiten und von der Identifikation mit seiner Persona befreit. Indem sie ihn aus dieser Bindung an die Vergangenheit herausholt, führt sie ihn letztendlich zu seinem Selbst. Wie der Vater eine Brücke aus der Mutterwelt in die äußere Welt war, in der der Sohn seine Persona etablierte, so ist die Anima die Brücke nach innen zum Selbst. Das ist die Bedeutung ihres unerbittlichen Widerstands gegen die Persona.

Der Uneingeweihte wird der Anima vor allem mit Angst begegnen. Sie ist zu viel für ihn, weil er nicht genug von der väterlichen Gabe der Männlichkeit integriert hat. Er ist nicht in der Lage, eine Anima-Figur im wirklichen Leben zu beanspruchen, selbst wenn er in seinen Phantasien von einer solchen träumen wird. Die Initiation zum Maskulinen bereitet den Mann auf die Begegnung mit der Anima vor.

Am anderen Ende des Spektrums läuft der Mann, der gut in die männliche Welt des Vaters eingeweiht wurde und in seiner Anpassung an die Persona außerordentlich erfolgreich ist, Gefahr, "seine Seele zu verkaufen", um Macht und soziale Stellung zu erlangen. Die Anima-Verführung verlangt so sehr nach einem großen Richtungs- und Einstellungswandel, dass sie die Möglichkeit einer Transformation nicht einmal im Entferntesten in Betracht zieht. Er bleibt in der Vaterwelt gefangen und kann sich nicht weiter individuieren.

Die Anima, das muss betont werden, ist keine Ableitung des Mutterkomplexes oder -Archetyps. Sie ist *sui generis*, ein psychisches Wesen für sich selbst und hat ihr eigenes unabhängiges Fundament im Selbst. Eigentlich ist die Anima der Mutter entgegengesetzt. Ein Teil der Funktion der Anima besteht darin, einen Mann entscheidend von der Mutter und allem, was sie repräsentiert, zu befreien. Die Anima ist auch nicht vom Vater abgeleitet, obwohl die Anima eines Vaters eine starke Wirkung auf seinen Sohn hat. Die Anima des Vaters hat eine Rolle in der Beziehung zum Sohn zu spielen - sie kann den Sohn an seinen Vater binden. Aber auch hier besteht die Rolle der Anima eines Mannes darin, ihn von seinem Vater zu trennen, wie sie es auch von seiner Mutter tut. Sie ist eine individualisierende Kraft und verlangt, dass er sein eigener Mann wird, frei und klar.

Man kann zwischen drei verschiedenen Arten von Bindung bei Männern unterscheiden: die Mutter-Bindung, die Vater-Bindung und die Anima-Bindung.

Ein muttergebundener Mann ist, wie bereits beschrieben, typischerweise schwach, nicht durchsetzungsfähig, weich und in seinen phallischen Aktivitäten sowohl bei der Frau als auch bei der Arbeit eingeschränkt.

Ein vatergebundener Mann wird typischerweise mit dem Patriarchat und seinen Strukturen in der sozialen Welt identifiziert: Er ist konservativ, starr, dogmatisch und an die Persona gebunden. Er ist der Mann, der zur rechten Hand des Vaters sitzt und dortbleibt, langsam ergraut und vertrocknet.

Der Anima-gebundene Mann ist typischerweise ein Romantiker und Träumer. Er ist launisch, unrealistisch, übermäßig emotional und sensibel; er ist ein permanent Heranwachsender.

Es kann passieren, dass ein reifer und voll eingeweihter Mann vorübergehend Anima-besessen wird, indem er sich in eine junge Frau verliebt, die seine Anima-Projektion trägt. Wenn dies geschieht, verliert er sein Urteilsvermögen und seine Werte; er träumt vor sich hin und findet es schwierig, den Details des täglichen Lebens volle Aufmerksamkeit zu schenken. Er bläht sich auf, träumt große und unrealistische Träume von einer perfekten Zukunft zusammen mit seiner Anima-Frau. Vielleicht kann er inspiriert sein, Poesie zu schreiben oder zum Singen von Jugend-Songs; oder er gibt auf untypische Weise Geld freimütig und gedankenlos aus. Mächtige Emotionen sexueller Leidenschaft und mörderische Eifersucht überfallen ihn, und extreme ekstatische Freude und Verzweiflung wechseln sich in rascher Folge ab. Er ist vorübergehend von seiner Anima besessen.

Ein Mann, der an seine Mutter gebunden ist, kann diese Exzesse nicht fühlen. Er verliebt sich nicht stark in eine Anima-Frau, weil die Mutter die Anima effektiv blockiert. Die Mutter sitzt in der Türöffnung und bewacht die Schwelle. Der Mann ist im Haus der Mutter eingeschlossen, und die Anima kann nicht eintreten.

Ein Mann, der an seinen Vater gebunden ist, wird hingegen in den Besitz der Anima fallen, da es darum geht, ihn vom Vaterkomplex und seinem Beharren auf Konventionalität zu befreien. Wenn er stark an den Vater gebunden ist, zu seiner Rechten sitzt und sich mit einer angepassten und gut sozialisierten Persona identifiziert, wird es ihm gelingen, dem Besitz zu widerstehen. Er wird der Welt der kollektiven Regeln und sozialen Normen des Vaters treu bleiben.

Die Individuationsaufgabe eines Mannes in der Mitte des Lebens besteht darin, die Anima-Erfahrung anders zu nutzen als in der Adoleszenz. In der Adoleszenz und im frühen Erwachsenenalter besteht die Funktion der Anima darin, einen Mann "zu überlisten" und ihn von der Mutter weg und in eine Beziehung mit einer Frau, in die Ehe und das Familienleben zu führen.

In der Mitte des Lebens hingegen besteht die Funktion der Anima darin, die Identifikation mit der Persona zu lockern. Ein Mann kann dann einen inneren Raum öffnen, in dem die tiefenpsychologische Erfahrung einen Platz hat, um zu wirken.

In diesem Lebensabschnitt wird die Anima-Erfahrung zur Gelegenheit für die weitere Entwicklung der Persönlichkeit eines Mannes.

Solange ein Mann mit der Persona und mit seinen sozialen Rollen in der Welt identifiziert ist, ist die Persönlichkeit nichts weiter als eine ständige Behinderung. Sie steht einer Entwicklung nur im Weg. Sie hat keinen funktionalen Wert und wird als "reine Emotionalität" betrachtet. Die Persönlichkeit hat keinen Platz in der Welt der Geschäfte, Rechtstransaktionen oder Friedensverträge. Die Anima wird in der Welt des wirtschaftlichen Erfolgs als Feind gesehen.

Wie kann ein Mensch beides unter einen Hut bringen? Sie bilden ein Paar von Gegensätzen, die in

Spannung gehalten werden müssen. Der Umgang mit der Erfahrung der Anima in der Mitte des Lebens erfordert es, diese Spannung zwischen Wunsch und Wirklichkeit herzustellen und zu beherrschen. Dies ist ein klassischer Konflikt, und ein Mann muss abwarten und den psychischen Schmerz tolerieren.

Irgendwann wird sich eine Option eröffnen, die eine Entscheidung anbietet, die weder ausschließlich eine Personen- noch eine Anima-Entscheidung ist, sondern eine "dritte" Möglichkeit, die beide alchemistisch verbindet oder über sie hinausgeht.

Die Anima führt typischerweise eine Inflation in das Selbstverständnis des Menschen ein und lässt ihn sich größer als das Leben fühlen. Sie schafft die Illusion, dass er "Gottes Geschenk" ist, und er fühlt sich in ihrer Gegenwart wunderbar, kraftvoll und gesund. In gewisser Weise ist das nicht ganz schlecht. Sie gibt ihm Mut und Energie, um ihr zuliebe heroische Aufgaben zu übernehmen.

Die paradoxe Natur dieses Zustandes zeigt das Problem bei der Entschlüsselung der Botschaften der Anima: Welche sind wahr und welche sind Unsinn? Ein Mensch fühlt sich zwar als Gottes Geschenk, aber er weiß, dass er eines von Milliarden solcher Geschenke ist; er kann für sie ein Held sein, aber seine Fähigkeiten können über seine Möglichkeiten hinausgehen. Die Erfahrung, einzigartig und besonders zu sein und zu Heldentaten fähig zu sein, bringt ihn mit etwas Wahrem in Berührung und kann nützlich sein, wenn man sie aufgreift und in der richtigen Weise einsetzt. So bringt die Anima auf der einen Seite eine inflationäre Illusion, auf der anderen Seite offenbart sie aber auch eine Wahrheit.

Die Anima in ihrer eigenen Natur ist nach den Maßstäben, die von der Persona und dem Ich-Bewusstsein des Mannes verstanden werden, nicht realistisch. Sie würde die Welt in einen chaotischen Ort verwandeln, an dem jeder Mensch ein Gesetz für sich selbst sein würde. Das ist die Philosophie der Anarchisten und Diktatoren. Ein Mann, der von der Anima besessen ist, hat das Gefühl, dass er tun und lassen kann, wie es ihm gefällt. Die Realität widerspricht jedoch dieser Herangehensweise an die Welt. Früher oder später wird er mit den Regeln der Gesellschaft in Konflikt geraten und die Konsequenzen tragen müssen. Ein Mann kann einem Richter nicht sagen, dass er unter dem Einfluss von etwas anderem als dem Gesetz stand oder dass er "sich selbst vergessen hat" und der unpersönlichen Gerechtigkeit entkommen ist.

Odysseus "pokerte" in seiner Begegnung mit Circe sehr erfolgreich mit der Anima. In einer Manifestation der negativen transformativen Kraft der Anima verwandelte Circe die Männer in Schweine.

Man kann sagen, dass solche Männer, die völlig an die Anima-Fata Morgana geglaubt und sich der Verlockung der Lusterfüllung hingegeben haben, die menschliche Besonnenheit verloren haben; ihr Ego wurde zerstört. Mit dem Rat von Hermes ist Odysseus in der Lage, eine Beziehung zu ihr aufzubauen und sie dazu zu bringen, sich für seine Sicherheit und das Wohlergehen seiner Männer einzusetzen, bevor er mit ihr ins Bett geht. Er und seine Crew können dann auf ihrer Insel bleiben und sich vor der Weiterreise erneuern, so dass sie die verjüngende Wirkung der Anima-Erfahrung nutzen können, ohne ihren negativen, destruktiven Eigenschaften zum Opfer zu fallen.

Die Anima ist das Unbewusste, das in eine menschliche Beziehung gebracht werden muss. Jung sagte oft, dass das Unbewusste nicht weiß, was das Ich und die Ich-Welt sind und daher darüber unterrichtet werden muss. Eine der Aufgaben der aktiven Imagination besteht darin, diese Unterweisung zu leisten - dem Unbewussten zu sagen, was die Bedürfnisse und Anforderungen des wirklichen Lebens sind, denn Es weiß es nicht und muss überzeugt werden.

Man braucht Odysseus' Strategie, mit hartem Feilschen zu beginnen (er hält Circe mit dem Schwert in der Hand, bedroht sie und holt Versprechen ein, bevor er sie ins Bett legt) und dann zu wissen, wann man nachgeben muss. Wenn dies erfolgreich gelingt, kann ein Mann die Auswirkungen der Anima eindämmen, indem er weder in sie hineinfällt oder sie ausspielt, noch sie unterdrückt und ignoriert. Er entwickelt dann die innere Fähigkeit, inspiriert und kreativ zu sein. Die Anima wird zu seiner eigenen Animation, und allmählich entsteht Personalität. Er lernt, seine Stimmungen, seine Grübeleien und seine kreativen, unkonventionellen Gedanken zu lieben, und er beginnt, die Freude zu lernen, sich irrationalen Vorstellungen hinzugeben. Es ist sehr befreiend, sich selbst zu erlauben, irrational zu sein. Ein Mann kann ein Dichter voll des Lebens sein, der unvorhersagbar und unkonventionell wird. Es ist erheiternd und verspielt - die Anima wird zum Spielkameraden, wenn der Mann lernt, in seiner inneren Welt zu spielen.

Spiel und Intimität sind eng miteinander verbunden. Wenn man nicht spielen kann, kann man nicht intim werden. Die Attraktivität eines Mannes für eine Frau hängt sehr stark von seiner Fähigkeit ab, intim zu werden.

Durch die Anima kann ein Mann lernen, intensiv intim zu werden. Durch die Integration der Anima kann ein Mann seine innere Fähigkeit verbessern, in eine spielerische Stimmung zu kommen, ohne Angst, kindisch zu werden.

Wenn die Anima in einem Lebensabschnitt eines Mannes als Begleiterin oder innere Gefühlspräsenz entwickelt wurde, kann sie seine Wut und Enttäuschung im Leben mildern. Wenn ein Mann im mittleren Alter ist, hat er in der Regel eine große Menge an Ärger und Enttäuschung über sein Leben aufgebaut. Vielleicht sind seine Kinder nicht so geworden, wie er es sich gewünscht hätte, oder seine Frau ist nicht mehr das, was sie war. Vielleicht ist er selbst nicht mehr das, was er war, körperlich oder geistig, oder seine Karriere ist nicht das, was er sich erhofft hat. Vielleicht wurde er verbittert und allgemein schlecht gelaunt. Die Anwesenheit der Anima wirkt all dem entgegen, indem sie eine Art milderes Gefühl vermittelt und den Zorn besänftigt. Sie lässt das Spiel zu und bietet das Gefühl, neu anfangen zu können.

Sie erlaubt Intimität in augenblicklichen Beziehungen, an einem Wochenende oder bei einem Mittagessen, ohne die Anwesenheit einer Frau zu verlangen, um eine Beziehung zu ermöglichen. Männer haben typischerweise große Schwierigkeiten, intim und beziehungsfähig zu werden, ohne eine Frau zu haben, die dies für sie übernimmt. Die Formalität einer rein männlichen Gruppe kann zum Beispiel mit dem Auftreten einer Frau, die die Anima verkörpert, in einem Augenblick radikal verändert werden.

Ein Mann, der seine Anima integriert hat, ist in der Lage Intimität und Beziehungsfähigkeit ohne Abhängigkeit von einer Frau herzustellen. Er kann seine eigenen Beziehungen knüpfen, was zu Beziehungen führen kann; er kann Männern und Frauen, Kindern und Tieren sehr nahe kommen, weil er diese innere Fähigkeit hat.

Die Anima ermöglicht es einem Mann auch, phantasievoll zu sein. Als Urheber von Bildern und Phantasien hilft sie ihm, sich Illusionen machen zu lassen, ohne unbedingt an sie zu glauben. Das Ego und die Anima gehen eine dauerhafte Beziehung ein. Der

75

Mann wird dann zu einer Persönlichkeit und verlässt folglich das Patriarchat, das seine Identifikation mit dem Vater ist. Solange die Anima/Prinzessin an den König gebunden ist, kann ein Mann nicht aus dem Patriarchat aussteigen und seine Seele von seinen Persona-Bindungen weggewinnen.

Wird aber die Anima aus ihrer Einbettung im Patriarchat herausgelöst, gewinnt der Held seine eigene Seele. Ein Mann verfügt somit über seine Persönlichkeit, einschließlich seiner Affektivität, seines Gefühlslebens und seiner Innerlichkeit.

Misserfolg beim Versuch, die Anima zu gewinnen

An dieser Stelle ist es zweckdienlich, die Beobachtung zu bekräftigen, dass die verkörperte Anima eine unkonventionelle Frau ist. Wenn der Mann zu sehr "in der Mutter" verbleibt, wird die Anima, weil sie körperlich weiblich ist, zu stark in der Mutter mitschwingen und somit kann eine weitere Regression in die Mutter drohen. Aus diesem Grund kann sich ein Mann, der noch in der Mutterwelt verhaftet ist, nicht wirklich in eine Anima-Frau verlieben. Die Mutter sitzt nicht nur an der Tür und blockiert die Anima, sondern weil die Anima körperlich weiblich ist, steht sie der Mutter bedrohlich nahe. Ein solcher Mann muss sich daher gegen das Weibliche wehren bzw. eine weitere Regression in die Mutter riskieren. Er wird also eine

Frau nicht als attraktiv empfinden wollen, denn das würde ihn regressiv zu nahe an den Inzest bringen.

Wenn ein Mann zu sehr "im Vater" verhaftet ist, bedroht ihn das Unkonventionelle der Anima-Frau, nicht die Tatsache, dass sie weiblich ist. Es ist also eine bewusstere Bedrohung. In dem Film *Fatale Attraction* sehen wir einen Mann, der in eine wilde, zerstörerische Anima mit katastrophalen Folgen hineingezogen wird, und so wird ein Mann, der noch in der Vaterwelt eingebettet ist, die Gefahren der unkonventionellen Frau wahrnehmen. Ein Mann, der zu sehr in der Vaterwelt eingebettet ist, kann sich erfolgreich ver-lieben, heiraten und ein konventionelles Familienleben führen, aber er kann es sich nicht leisten, die Anima vollständig zu erleben, weil sie seine Bindung an den Vater bedroht. Hinter diesem Festhalten an der Ein-bettung in Vater und Patriarchat, steht die eigentliche Gefahr der Regression in die Mutter; denn, wenn die Vaterbindung aufgelöst wird, verschwindet auch die Brücke aus der Mutter zum Vater, und der Sohn wird wieder in die Mutter zurückgezogen.

Die Folgen für einen solchen Mann, dem die innere Kraft fehlt, den Vater integriert zu haben, um die Mutter zu verlassen, können eine massive Regression oder ein psychotischer Zusammenbruch sein. Sein Engagement für die Welt des Vaters beruht auf einer Verteidigungshaltung gegenüber der Mutter. Die Trennung von der Mutter ist noch nicht so weit fortgeschritten, dass er den Vater loslassen könnte. Da die Anima auf unkonventionelle Weise versucht, ihn vom Vater zu befreien, stellt sie eine tiefe Bedrohung dar; und er wird sich ihr widersetzen.

Für den an die Mutter gebundenen Mann ist die Anima also eine Bedrohung, weil sie weiblich ist. Für ihn erscheint sie als Hexe, als böses Monster. Für den Mann, der an seinen Vater gebunden ist, ist die Anima eine Bedrohung, weil sie unkonventionell ist. Für ihn erscheint sie als Verführerin und trügerische Sirene.

Unter muttergebundenen Männern können wir *vier Positionen* entlang eines Spektrums von mehr bis weniger Mutterbindung identifizieren.

Als erste bemerken wir den Mann ohne Anima. Es handelt sich um einen Mann, der tief in die Mutter eingebettet ist und sich überhaupt nicht zu Frauen hingezogen fühlt, bis zu dem Punkt, dass er sie einfach nicht sieht. Typischerweise ist sein Vater abwesend oder nicht in der Lage gewesen, seinem Sohn aus der muttergebundenen Position herauszuhelfen. Eigentlich ist er der Mann, der oben im Kapitel über die Mutter als der "Mann ohne Mutter" beschrieben wurde. Er ist in eine archetypische Mutter eingebettet. Seine reale Mutter war nicht genügend für ihn anwesend, um ihn in die Objektwelt hinauszugeleiten.

Seine Anima ist im Unbewussten. Sie ist "unbewusst", gehört zur *massa confusa* des undifferenzierten Materials im Unbewussten.

Zum zweiten: Etwas weniger eingebettet in die Mutter ist der Mann mit der vorzeitig integrierten Anima. Er neigt dazu, effeminiert (engl. *"effeminate"*) zu sein. Es gibt eine Identitätsvermischung, weil Mann und Frau in der früheren Phase des Verlassens der Mutter und der Identifikation mit dem Vater nicht streng getrennt waren. Männliche und weibliche Elemente werden vermischt, so dass das Ego eine Färbung annimmt, die etwas weiblicher ist als normal. Während es den Anschein haben mag, dass er die Anima in seine Verbindung mit dem Weiblichen integriert hat, fehlt es in der Tat an einer Unterscheidung zwischen dem Männlichen und dem Weiblichen. Er mag eher ästhetisch sein und bestimmte weibliche und mütterliche Merkmale aufweisen, er sieht die Mutter in den Frauen. Der weibliche Körper bleibt mit dem Körper der Mutter identifiziert; die Brüste einer Frau sind ihre Brüste, und die Vagina ist eher erschreckend und bedrohlich als süß und verführerisch.

Drittens kommen wir zu dem Mann mit einer lesbischen Anima. Er ist in Frauen verliebt, die andere Frauen bevorzugen. Er kann sich zu Frauen hingezogen fühlen und mit ihnen Liebe machen, aber er tut dies, als wäre er selbst eine Frau. Seine Geliebte muss ebenfalls eine Frau sein; sein Eros ist eine Frau-zu-Frau-Erfahrung. Auch dies ist eine Folge des Verbleibs "in der Mutter".

79

Der Vierte ist der Mann mit der flüchtigen Anima, der Don Juan. Er scheint ein Mann zu sein, der sich stark zu Frauen hingezogen fühlt, die sexuell aktiv und im Allgemeinen promiskuitiv sind.

Er mag zwar ein Verhalten zeigen, das auf eine Liebe zu Frauen schließen lässt, aber in Wirklichkeit liegt ihm überhaupt keine Liebe zu einer bestimmten Frau zugrunde. Es gibt eine Sexualität ohne Eros; jedoch keine Zuneigung für sie. Die Anima ist noch nicht optimal konstelliert. Es handelt sich um einen herzlosen Liebhaber, der faktisch noch mutter-gebunden ist und sich nicht mit dem Vater identifiziert hat. Die Unterscheidung zwischen männlich und weiblich hat noch nicht definitiv stattgefunden.

Unter den Männern, die noch "beim Vater" sind, werde ich zwei Positionen beschreiben:

Der Mann mit der perfektionistischen Anima ist so sehr durch die Liebe zum Vater gebunden, dass die Leidenschaft der Anima keine weiblichen Züge hat. Er ist dem Vater und der Welt des Vaters mit aller Heftigkeit verpflichtet. In der Leidenschaft und der Hingabe an Ideale und Vorstellungen von Perfektion und spiritueller Reinheit spürt man die Anima. Die Liebe, um die es dabei geht, ist jedoch nicht weiblich, sondern eher wie die Liebe als Heiliger Geist, die zwischen Vater und Sohn in der Dreifaltigkeit strömt. Bestimmte klassische Formen des Christentums haben eine starke Repräsentanz dieser Art der Hingabe an den Vater, so dass die Anima in der Vaterwelt und innerhalb der Vater-Sohn-Bindung bleibt. Diese Art von Mann kann eine Frau heiraten, um einem mächtigen Mann nahe zu sein; der Vater der Frau ist derjenige, in den er wirklich verliebt ist.

Eine Variante des Mannes mit einer perfektionistischen Anima ist jemand, der selbst perfektionistisch ist und sich hohen Idealen und der Reinheit einer spirituellen, asketischen oder ästhetischen Natur verschrieben hat.

Bestimmte Arten von Schriftstellern oder Kunstschaffenden fallen in diese Kategorie, die sich durch große Raffinesse und Perfektion auszeichnen. Man vermisst die Anima-Unordnung in ihrem spirituellen, präzisen, olympischen Werk. Ein anderes Beispiel ist der begeisterte Priester, der nur Gott den Vater liebt, der sich mit Leib und Seele den höchsten Idealen der Religion und Philosophie verschrieben hat und der die Sexualität scheinbar transzendiert oder in religiöse Begeisterung verwandelt hat.

Am anderen Ende des Spektrums der Männer, die im Vater verhaftet bleiben, steht der Mann mit einer konventionellen Anima. Per Definition ist die Anima jedoch unkonventionell. In diesen Fällen ist sie nicht vollständig oder authentisch erschienen, da sie ihre volle Präsenz nicht offenbaren konnte, weil der Mann im Vater gefangen ist. Dieser Mann ist konventionell verheiratet, seine Frau ist konventionell, seine Kinder sind konventionell, und seine Karriere ist konventionell. Alles ist in der Mitte des Weges; er widmet sich der Aufrechterhaltung des Status quo und der Aufwertung der Persona und der patriarchalischen Werte. Die unkonventionelle Präsenz der Anima in diesem Mann wird durch die Anwesenheit des Vaters verdeckt; er ist tatsächlich mit dem Vater "verheiratet". Dieser Mann ist nicht daran interessiert, die Anima vom Vater zu trennen, da er daran festhalten will, mit dem Vater verbunden zu bleiben.

Was aus all dem folgt: Wenn ein Mann durch die Initiation in die Welt des Vaters ausreichend von der Welt der Mutter getrennt ist und wenn die männliche Identität als innere Struktur sicher und gefestigt genug ist, so dass er den Vater verlassen kann, dann kann er der Anima erlauben, sich ihm nackt und kraftvoll zu nähern. Er wird ihr gegenüber nicht defensiv sein müssen. Er wird in der Lage sein, die Aufgabe zu verfolgen, sie vom Vater zu gewinnen; und sobald sie gewonnen ist, wird er sie heiraten können. Die Heirat des Helden mit der Anima bedeutet, dass eine relativ stabile und dauerhafte Beziehung zustande kommt zwischen einem Mann mit fester männlicher Identität und dem Weiblichen. Er ist fähig, *in* der Welt der Väter, der Welt der Persona, zu sein und in ihr wirksam zu sein, aber nicht ganz von ihr eingenommen zu sein. Er ist in der Lage, unkonventionell zu sein, spielerisch zu sein, sich in Phantasie und Abgeschiedenheit treiben zu lassen. Er kann intensiv intim werden, ohne Angst, sich zu verlieren, weil er die notwendigen inneren Strukturen hat. Er kann kreativ sein und unkonventionelle Gedanken denken; er kann experimentieren und seine Gefühle riskieren. Sobald diese Beziehung zu der Anima hergestellt ist, können sie Kinder bekommen. Das Kind, das aus dieser Beziehung zwischen der Anima und dem Ego geboren wird, ist ein neues Selbst. Anima-Entwicklung bedeutet, die Persönlichkeit durch intimen Kontakt und Kenntnis seines Gefühlslebens zu entwickeln. Dies ist die Ära der Integration des Gefühlslebens, des Werdens einer Persönlichkeit. Der Mann mit einer entwickelten Beziehung zu der Anima *hat* eine Persönlichkeit und *ist* eine Persönlichkeit. Infolgedessen ist er in der Lage, dem Selbst als einem neuen Wesen zu begegnen und es zu erfahren.

Eine kurze Nebenbemerkung

Eine von Jungs ersten Entdeckungen ereignete sich, als er Anfang der 1900er Jahre ansässig war und mit dem Word Association Experiment (WAE)[5] forschte. Mit diesem Instrument fand er heraus, dass Ähnlichkeiten in der Organisation von Komplexen in Familien festgestellt werden konnten. Die Antworten einer Mutter und einer Tochter zum Beispiel würden auf sehr ähnliche Komplexe hinweisen. Dieser Befund könnte als der Beginn der Systemtheorie der Familie bezeichnet werden. Obwohl Jung sie nie in größerem

---

[5] Das Assoziationsexperiment, siehe C.G. Jung, GW Band 2

Umfang weiterverfolgt hat, haben andere Forscher Beweise für Kontinuitäten von Komplexen über Generationen hinweg gefunden. Sie werden als kulturelle Komplexe oder in einigen Fällen als Generationenkomplexe bezeichnet. Ein Trauma einer Familie an einem Punkt der Geschichte, zum Beispiel der Selbstmord oder der Mord eines Vaters, kann sich über Generationen hinweg fortsetzen. Die kollektive Erinnerung an das Ereignis und die Auswirkungen auf die Ehefrau und die Kinder können an zwei, drei, vier oder mehr nachfolgende Generationen weitergegeben werden. Dieses Phänomen ist in den Ländern der ehemaligen Sowjetunion eingehend untersucht worden.

Eine von Jungs frühen Studien beschäftigte sich mit der Rolle des Vaters im Schicksal des Einzelnen[6]. Jung erörterte den Einfluss des Vaterkomplexes auf Kinder, sowohl auf Töchter als auch auf Söhne. Seine Diskussion basierte auf der Feststellung, dass Familiensysteme auf komplexen Strukturen beruhen und dass diese Komplexe von den Eltern an die Kinder weitergegeben werden. Diese Übertragung unbewusster komplexer Arrangements über die Generationen hinweg ist in dem umgangssprachlichen Ausdruck "der Apfel fällt nicht weit vom Stamm" gut beschrieben.

---

[6] C.G. Jung, Die Bedeutung des Vaters für das Schicksal des Einzelnen, Rascher 1949, in GW Band 4

Die Art und Weise, wie sich ein Vater zu seiner eigenen Anima und seinem Entwicklungsstand der Anima verhält, wirkt sich somit auf seinen Sohn und die Art und Weise aus, wie sich die Anima im Sohn konstelliert. Dies ist nicht biologisch genetisch bedingt, sondern wird durch psychische Beeinflussung und Übertragung, durch subtile Verhaltensgesten und Modellierung weitergegeben. Bei der Identifikation mit dem Vater introjiziert der Sohn nicht nur die Persona des Vaters, sondern auch Aspekte seines Unbewussten. Die innere Dynamik des Vaters - die Beziehung zwischen seinem Ego und seiner Anima und die Art und Weise, wie er in seinem eigenen Leben mit dem *"the anima-Problem"* umgegangen ist - wirkt sich auf die Annäherung des Sohnes an dieselbe innere Figur aus.

Im Optimalfall wird der Vater effektiv mit der Anima umgegangen sein, sie integriert haben und eine Persönlichkeit geworden sein, so dass seine Beziehung zur Anima zu einem freien Austausch zwischen Bewusstsein und Unbewusstem geworden ist. Wenn das Eros des Vaters frei und nicht in die Vater- oder Mutterstrukturen eingebunden ist, wird der Sohn dies erfahren.

Der Sohn kann dies bezeugen, indem er sieht, dass der Vater nicht an die Frau gebunden ist (er ist kein "Pantoffelheld"), was auf eine an die Mutter gebundene Anima hindeuten würde. Oder der Sohn könnte Zeuge einer väterlichen Gebundenheit werden, indem er seinen Vater als konventionell oder perfektionistisch sieht.

Im Optimalfall würde ein Sohn in seinem Vater eine freie und integrierte Entwicklung der Anima sehen, und er könnte in seinem Vater eine Freiheit zur Liebe und Arbeit erleben, die weder durch das Matriarchat noch durch das Patriarchat gebunden ist. Wenn ein Sohn einen freien Vater sieht, sind seine Chancen, seine Anima später im und für das Leben zu befreien, um so größer.

Eine Reihe von Problemen können, wie wir vorgeschlagen haben, auftreten. Wenn z.B. die Anima des Vaters dem Patriarchat verbunden ist, wird der Vater konventionell und perfektionistisch sein. Der Sohn könnte dann die Tendenz haben, dagegen zu rebellieren oder aber in die Fußstapfen seines Vaters zu treten, indem er ihn imitiert. Es kann auch vorkommen, dass die Anima des Vaters eine kalte Mutter kompensiert. Es kann sein, dass sie eine emotional kalte Frau war, die mit ihrem Gegenüber verheiratet war - wie es oft geschieht - d.h. mit einem warmen und extravertierten Typ von Ehemann. Der Vater kommt dem Sohn schon früh sehr nahe, während die Mutter mehr oder weniger distanziert im Hintergrund bleibt.

Ein mütterlicher Vater kompensiert dies möglicherweise mit zu viel Intimität und *eros* gegenüber dem Sohn, was später zu Problemen führen wird. Der Sohn wird sich emotional zu sehr an den Vater binden und nach Vaterfiguren suchen, die eine ähnliche Rolle spielen, anstatt als Mentoren zu fungieren, die ihn weiter in die Welt führen, was die Entwicklung seiner Unabhängigkeit verzögert.

Probleme wird es auch geben, wenn die Anima des Vaters "in der Mutter" eingeschlossen ist. Der Vater könnte z.b. ein Typus von Don Juan sein, in diesem Fall ist sein Anima-Bild zwar frei von der Mutter, aber nicht von ihrem Affekt. Mit anderen Worten, er kann Frauen verfolgen und sexuelle Beziehungen mit ihnen haben, aber das Gefühl, verliebt zu sein, ist blockiert. Unter seinem promiskuitiven Verhalten ist er an seine Mutter gebunden; sein Eros ist immer noch wirklich an die Mutter gebunden. Wenn der Sohn sieht, dass sein Vater von diesem Typ ist und schäkert, während seine Frau verletzt und verbittert wird, kann sich der Sohn in der Regel nicht mit seinem Vater identifizieren. Er stellt sich auf die Seite der Mutter gegen den Vater, was zu einem Familienstreit führt. Weil er die Anima-Projektionen seines Vaters in der Welt wuchern sieht, wird seine eigene Sexualität gehemmt.

Er neigt dazu, ein "braver Junge" zu werden, ein Verteidiger seiner Mutter und der Mutterrechte zu werden. Ebenso wird er Mutterfiguren und den Vorrechten der Frauen gegenüber der Erotik- und Freizügigkeit eines Mannes übertrieben treu sein, ja diese verurteilen. Seine eigene Sexualität wird eher blockiert. Es ist wahrscheinlich, dass er sich um Mutter oder Mutterfiguren zum Nachteil des Vaters kümmert und sogar eine Frau heiratet, vor allem um für sie zu sorgen. Da der Vater selbst so sehr an die Mutter gebunden ist, ist die Entwicklung der Unabhängigkeit und Freiheit seines Sohnes wiederum verzögert.

Im Zirkel der Anima erlebt ein Mann diese psychische Figur typischerweise durch Projektion, oft auf eine unkonventionelle Frau, in die er sich verliebt. Als seine Anima repräsentiert sie seine zukünftige psychische Entwicklung in die so genannten klassischen Phasen der Individuation.

Er hat jedoch das Problem, wie er sich zu dieser Figur verhalten soll, die für ihn die Seele in der Projektion repräsentiert. Die Frage ist, ob er mit ihr weggehen, sie heiraten und Kinder mit ihr haben soll, oder ob er die Erfahrung symbolisch als eine innere Herausforderung behandeln soll, nämlich als den Beginn einer Suche, die ihn in die inneren Abgründe der Psyche führen wird, statt in eine äußere Beziehung, die am Ende vielleicht nur die Wiederholung früherer Beziehungen bedeutet.

Wie kann er dieses Anima-Problem so lösen, dass der optimale Individuationsschritt geschaffen wird? Die Frage stellt sich zusätzlich zu den offensichtlichen ethischen und moralischen Fragen, die mit der Situation verbunden sind, und verkompliziert sie weiter.

Wenn eine rein innere Lösung gesucht wird, nimmt der Mann die Erfahrung als eine Konstellation oder Projektion der Anima auf und arbeitet mit klassischen Jungschen Methoden (wie aktive Imagination, Traumanalyse usw.), wobei er jede Handlung auf der zwischenmenschlichen Ebene mit der "äußeren Person" sozusagen vermeidet. Diese Strategie führt in der Regel zu Sterilität; es gibt kein "Kind" der Beziehung. Sie wird praktisch autoerotisch. Äußere Manifestationen dieses Verhaltens sind oft Zustände der Depression, mangelnde Animation, Wut, eine Art Unerfülltheit, Verwundung oder ein Gefühl der Entbehrung.

Wie kann er dieses Anima-Problem so lösen, dass der optimale Individuationsschritt geschaffen wird? Die Frage stellt sich zusätzlich zu den offensichtlichen ethischen und moralischen Fragen, die mit der Situation verbunden sind, und verkompliziert sie weiter.

Reflexionen über diesen Zustand spielen sich im Mythos ab. Im griechischen Mythos verliebt sich Zeus, der Vater, in Semele und schwängert sie. Sie bittet darum, Zeus zu sehen, weil sie wegen der Gefahr, ihn so zu sehen, wie er wirklich ist, ihn nur nachts gesehen hat.

Schließlich lässt er sich überreden, sich ihr zu offenbaren; doch die Hitze und der Glanz seiner Erscheinung verbrennt Semele zu Asche. Zeus reißt ihren Fötus aus ihrem Körper und implantiert ihn in seinen Oberschenkel, wo er heranreift. Das so entstandene Kind ist Dionysos, der Gott der Extase, des Rausches, des Weines - der Gott einer Frau. Als Hera von all dem erfährt, ist sie wütend über die Untreue des Zeus und mehr noch über seine widerrechtliche Aneignung des Vorrechts der Frau auf die Geburt. Sie beschließt, selbst den Weg der Parthenogenese zu verfolgen, die sie dreimal vollzieht, indem sie Hephaistos, Ares und Typhon zur Welt bringt. Hephaistos wird als Krüppel mit umgekehrten Füßen geboren und leidet unter geringem Selbstwertgefühl und Spott. Er repräsentiert Verwundung und spiegelt die Lahmheit wider, die das Ergebnis der Parthenogenese sein kann, welches der Versuch, das Anima-Problem rein innerlich zu lösen, mit sich bringt.

Der zweite Sohn, Ares, wird zum Gott des Krieges; er ist die Aggression und Wut, die einer solchen Lösung folgen können.

Typhon, der dritte Sohn, steht beispielhaft für eine noch extremere Wutreaktion: Taifune - gewaltige Umwälzungen in der Natur - werden mit diesem Gott in Verbindung gebracht, was auf Gewalt und schwere emotionale Instabilität als Folgen dieser inneren Lösung hindeutet.

Diese Nachkommen repräsentieren symbolisch die emotionalen Nachwirkungen einer abgebrochenen Anima-Integration, die ganz auf die innere Ebene verbannt wurde; sie sind keine positiven, "natürlichen" Kinder der Lösung und bieten keine Zukunft für die Psyche. Jung sprach von einer "regressiven Wiederherstellung der Persona", bei der ein Mann, der tief in eine Anima-Krise verstrickt ist;

anstatt die gesamte Erfahrung durchzumachen und auf der anderen Seite stärker integriert herauszukommen, regrediert er und versucht, die Persona wiederherzustellen, indem er seine frühere Identität wieder annimmt und versucht, "hart durchzugreifen". Charakteristisch für solche Männer ist, dass sie depressiv werden, verletzt, wütend und unerfüllt.

Wenn eine rein äußerliche Lösung für das Anima-Problem gesucht wird, kann ein Mann sich scheiden lassen, wieder heiraten und möglicherweise eine zweite Familie gründen. Wenn seine Handlungen das Ergebnis einer rein äußerlichen Lösung sind, die auf einem Impuls und Instinkt beruht und bei der es keine Reflexion über das, was er tut, gibt, werden sie immer wieder wiederholt. Die Beziehungen werden sich in sehr ähnlichen Bahnen entwickeln; die Gründe, warum eine Beziehung mit der einen Frau nicht funktioniert, werden die gleichen sein, warum eine Beziehung mit der nächsten nicht funktionieren wird.

Welche Art von Lösung sollte also angestrebt werden? Wie lautet die Antwort? Gelegentlich erweist sich die eine oder die andere dieser beiden Lösungen in einer bestimmten Situation als die beste. Sicherlich sollte das Ergebnis widerspiegeln, dass eine Beziehung hergestellt wurde; es sollte in der Tat eine Ehe im Sinne einer dauerhaften Bindung zwischen dem Ich und der Anima bestehen. Im Märchen der Gebrüder Grimm, "Die Weiße Schlange", wie auch in vielen anderen europäischen Märchen, umwirbt und heiratet der Held erfolgreich die Anima-Figur und symbolisiert damit eine Bindung zwischen dem Ich-Bewusstsein eines Mannes und dem Anima-Unbewussten.

Das Kind, das aus dieser Verbindung zwischen dem Ego und der Anima geboren wird, symbolisiert das Selbst. Auf diese Nachkommenschaft können wir den Begriff *spiritus rector* - leitender, belebender, antreibender Geist - anwenden. Dieses Kind wird das Ego auf seiner weiteren Suche nach Sinn und Zweck leiten.

Die Lösung der Konfrontation zwischen der Anima und dem Ego muss auf irgendeiner Ebene irgendwie, auf irgendeiner Ebene, eine Ehe - das Gefühl einer dauerhaften Bindung zwischen Ego und Anima - beinhalten, sei es überwiegend innerlich oder überwiegend äußerlich oder beides. Eine ausschließlich innere oder ausschließlich äußere Lösung reicht nicht aus; es muss eine Art Kombination geben. Es muss eine äußere Beziehung geben, oder die Lösung wird autoerotisch sein; es muss ein inneres Gefühl für die Bedeutung der Beziehung geben, sonst ist sie rein repetitiv.

Schließlich muss es ein Ergebnis dieser Beziehung geben, das über sich selbst hinausgeht. Die Beziehung zu der Anima ist kein Selbstzweck, auch wenn unser Märchen an diesem Punkt endet. Der *spiritus rector* ("Leitender Geist") ist wahrhaftig ein *Kind der Liebe*, das sich durch die Erfahrung zwischen dem bewussten Ego und der Persönlichkeit eines Mannes und der Anima entwickelt, während letztere seine irrationale, wilde, unkonventionelle, weibliche Seite repräsentiert.

Diese Vereinigung findet außerhalb der von Vater und Mutter festgelegten Grenzen statt. Das "Kind der Liebe" wird immer außerhalb der Grenzen der Ehe geboren. Es stellt eine gewisse Freiheit von Gesetz und Konvention dar; das Kind wird auch unkonventionell sein.

Offensichtlich besteht ein schmaler Grat zwischen dem Kind der Liebe und dem problematischen Bastard-Kind. Das Kind der Liebe ist nur dann das erfolgreiche Ergebnis der Konfrontation mit der Anima, wenn es symbolisch und nicht konkret oder wörtlich gemeint ist. Wenn es konkret ist, ist es buchstäblich ein Bastard, der unehelich geboren wurde. Er wird ein Problem darstellen, indem er das Ausagieren repräsentiert, und er wird ein Ausgestoßener in der Vaterwelt sein, immer rebellisch, neidisch, der versucht, die Welt der Ordnung und Struktur zu stürzen.

Um erfolgreich zu sein, muss das Kind der Liebe dann ein symbolisches Kind sein, die Frucht der Vereinigung, die in nicht-biologischer Form erscheint. Aber selbst wenn es auf andere Weise konkretisiert wird, zum Beispiel als Buch[7], Kunstwerk oder Projekt, wird die Folge die oben diskutierte Wiederholung sein;

---

[7] Z.B. Giovanni Bussei's Buch «Mein Kind, das Wort»

denn wenn das Produkt fertig ist, ist es fertig, und es gibt keinen bleibenden Wert für die Psyche. Wenn das «Kind» auf der symbolischen Ebene gehalten wird, geht es der Psyche nicht verloren, sondern kann von innen heraus lenken. Es wird auf der Ebene der Psyche aufrechterhalten, anstatt auf der Ebene der buchstäblichen Realität verkörpert und somit verloren zu gehen. Im Optimalfall ist also das Produkt der Vereinigung das *symbolische Kind*, der *spiritus rector*.

Ein Beispiel für dieses symbolische Kind ist Hermes. Hermes ist das Produkt der Liebesverbindung zwischen Zeus (verheiratet mit Hera, die das Gesetz der Ehe vertritt) und der Nymphe Maia. Als Nachkomme des patriarchalisch dominanten Zeus und der unkonventionellen Frau, Maia, wird Hermes zu einer entscheidenden Figur in der griechischen Mythologie und später in der Alchemie werden. In einer Höhle geboren, vollbringt Hermes am ersten Tag seines Lebens außergewöhnliche Taten. Er erfindet schöpferisch die Leier aus dem Panzer einer Schildkröte und geht dann, hungrig, zu den Herden Apollos, um Vieh zu stehlen (er ist der Gott der Diebe). Voller Zorn führt Apollon Hermes vor den Richter Zeus. Zeus versöhnt die Brüder, und es kommt zu einem Austausch von Geschenken - die Leier gegen das Vieh. Apollon wird also zum Gott der Musik, während Hermes zum Gott der Hirten wird. Durch diese Beziehung zwischen Hermes und Apollon fanden die Griechen ein Gleichgewicht zwischen dem Geist der Rationalität, der durch Apollon repräsentiert wird, und der Unantastbarkeit von Hermes, dem Gott des Irrationalen, der Diebe, der Nacht, der plötzlichen Eingebungen, der Schamanen.

Wo Apollo mit der Rationalität operiert, wirkt Hermes mit dem Zufall.

Durch die Versöhnung dieser beiden Kinder des Zeus suchten die Griechen einen Ausgleich zwischen diesen beiden Lebenseinstellungen, die beide für die Ganzheit des Menschen notwendig sind. Ohne die Rationalität des Apollon hat ein Mensch wenig Stabilität; aber ohne den Geist des Hermes fehlt es dem Menschen an Erfindungsreichtum und Inspiration. Wäre Hermes nicht in das Pantheon aufgenommen worden, hätten die irrationalistischen Außenseiter vielleicht einen revolutionären Umsturz der "Stammgäste" herbeigeführt. Daher ist die Aufnahme von Hermes in das Pantheon ein Versuch des griechischen Geistes, eine alle einschliessende, pluralistische und demokratische Lösung für die geistige Vielfalt der Bevölkerung zu finden. In der christlichen Tradition wird die gleiche Anpassung in den Variationen unter den Heiligen erreicht.

Schließlich wird Hermes zum Führer, ein Botengott, der den Sterblichen die Botschaften des Zeus überbringt. Psychologisch gesehen repräsentiert er die Intuition. Wenn man mit Hermes gut verbunden ist, weiß man, was das Selbst will, und kann das Selbst bei den komplexen Entscheidungen des Lebens konsultieren. Hermes verkörpert also den *spiritus rector* - den beratenden Führungsgeist zwischen dem Ich und dem Selbst. Die Botschaft des Selbst kann die Form von Träumen (Hermes ist der Gott der Träume), Synchronizitäten (zufällige Ereignisse) oder sich öffnende Türen annehmen - so werden oft die Probleme des Lebens gelöst. Hermes setzt den Prozess in Gang.

In der Bibel finden wir die lehrreiche Geschichte von David und Bathseba, der wollüstigen Frau von Davids führendem Militärgeneral Urija. David sieht Bathseba in all ihrer nackten Pracht, während er auf ihrer Dachterrasse badet, und beschließt, dass er sie für sich allein haben muss. Also lässt er Urija in der Schlacht töten und nimmt Bathseba zu seiner Frau. Ihre Verbindung erweist sich als recht zufriedenstellend, und einer ihrer Kinder ist der Nachfolgekönig von David, der weise Salomo. Man könnte dies als die Geburt des symbolischen *spiritus rector* lesen. David entwickelt sich zu einem berühmten Dichter und Schriftsteller, wie man weitgehend aufgrund seiner Anima-Verbindung annehmen würde, und er stirbt friedlich, alt und reich.

Der vierte Kreis: Selbst

Das Alter des reifen Mannes

Im vierten Kreis bewegen wir uns vom Zeitalter des Helden zum Zeitalter des reifen Mannes, und hier stellt das Selbst die zentrale Herausforderung dar. An diesem Punkt betrachten wir einen Mann, der den vierten Kreis der Persönlichkeitsentwicklung erreicht hat, der schon recht weit fortgeschritten ist.

Die meisten Männer in den alltäglichen Lebensbereichen sind noch nicht so weit gekommen. Meist sind sie noch immer in irgendeiner Weise in den Kreisen der Mutter oder des Vaters gefangen oder bleiben in der Heldenidentität fixiert. Wenn sie die Psyche überhaupt registrieren, dann in einer unbewussten und projizierten Form, vielleicht in Filmen oder im Fernsehen, wo die psychische Welt vor ihren Augen dargestellt wird. Sie haben relativ wenig Selbstbewusstsein oder Bewusstsein für eine innere Welt und ihre Merkmale. Sie schenken ihren Träumen keine Aufmerksamkeit und verbringen keine Zeit mit dem Versuch, ihre Bedeutung für ihr eigenes Leben zu verstehen. Sie leben in zwei Dimensionen, nicht in der dritten, wie sie der Kontakt mit dem Unbewussten bietet.

Wir sprechen jetzt über die zweite Hälfte des Lebens und die Bewegung hin zum fünften Kreis, der sich mit der letzten transzendenten Bedeutung des Lebens befasst.

Männer, die in diese späten Stadien der Individuation eingetreten sind, haben eine Menge Lebenserfahrung gesammelt und eine beträchtliche Selbstwahrnehmung und Bewusstheit erlangt. Sie sind oft sehr erfolgreich, sowohl beruflich als auch gesellschaftlich. Sie haben auch einen Sinn für die innere Realität und eine zureichende Wahrnehmung der Komplexe erreicht - die faszinierende Anziehungs-kraft der Mutter, des Vaters, der Anima, und so weiter - und sie haben sich voneinander losgelöst und sich mit ihnen arrangiert. Ein solcher Mann hat sich selbst in der Hand, ist sich aber zugleich bewusst, dass er sein Schicksal nicht in der Hand hat. Das Ego ist in eine untergeordnete Beziehung zu der größeren Persön-lichkeit, dem Selbst, eingetreten.

Aus der Konfrontation und Interaktion mit der Anima, die sich im dritten Kreis formieren, wird im vier-ten Kreis ein *spiritus rector* geboren. Das Vorhanden-sein dieser psychischen Funktion weist mehrere typische Merkmale auf. Ein Mann, der mit einem inne-ren Führer verbunden ist, bezieht seine wichtigsten Hinweise nicht mehr aus dem Kollektiv oder dem Konsens der Gruppe (Persona-Erwägungen), entweder im Hinblick auf seine individuellen Lebensent-scheidungen oder seine öffentlichen Positionen. Er ist selbstgesteuert, von innen heraus orientiert an einer persönlichen Vision für sich selbst und an einer immer stärker werdenden Selbsterkenntnis. Er hat seinen eigenen Mythos. Seine Vision für das Leben ist nicht unbedingt auf eine dramatische "Straße nach Damaskus"-Erfahrung zurückzuführen. Sie könnte weniger eindeutig sein und als ein intuitives Selbstverständnis fungieren, das ihn orientiert. Die Orientierungsfunktion mag ihm teilweise unbewusst sein. Sie funktioniert wie ein internes Gyroskop.

Der *spiritus rector* ist ein verblüffender Führer zum Unerwarteten. Das liegt daran, dass er nach üblichen Maßstäben nicht rational zu sein scheint. Seine Weisungen und Botschaften implizieren einen großen unbewussten Plan oder eine Vision für das Leben, einen vorgegebenen Verlauf eines Lebensprozesses, der nicht kulturell bestimmt und daher nicht vorhersehbar ist.

Indem man Entscheidungen auf der Grundlage starker Intuitionen und eines ausgeprägten Selbstgefühls trifft, entsteht ein unbewusster Lebensplan, der sich mit der Zeit offenbart. Sokrates bezeichnete dies als die Stimme seines Daimons, den er konsultieren würde, wenn er wichtige Entscheidungen in seinem Leben zu treffen hatte, wie etwa, als das athenische Gericht ihm die Wahl ließ, den Schierlings-Becher zu trinken oder ins Exil zu gehen. Der Daimon antwortete nur verneinend, sonst würde er schweigen. Als Sokrates ihn fragte, ob er den Schierling annehmen solle, schwieg der Daimon. Also trank er ihn ohne Fragen oder Zögern. Entscheidungen, die auf dieser

Grundlage getroffen werden, sind nicht rational im üblichen Sinne, und Sokrates fiel es schwer, seine Entscheidung zu verteidigen, weil sie wie Selbstmord aussah. Seine Wahl folgte jedoch seinem Lebensplan: Hätte er Athen verlassen und wäre ins Exil gegangen, wäre er dem grundlegenden Wesen dessen, was Sokrates war, nicht treu geblieben.

Der *spiritus rector* gibt einem ein speziell empfundenes Gefühl von "das bin ich" oder "das bin nicht ich". Autoren werden oft sagen, dass es Jahre gedauert hat, ihre "Stimme" zu finden. Auch wenn sie in der Schule technische Fertigkeiten entwickelt haben, erkennen sie an, dass es eine andere Sache ist, ihren eigenen charakteristischen Stil zu finden. Dieser Stil, ihre "Stimme", beinhaltet eine unverwechselbare Art und Weise, die Dinge auszudrücken, einen Rhythmus und ein Muster des verbalen Ausdrucks, das ihnen getreu und echt klingt. Die Stile von Hemingway und Faulkner zum Beispiel sind sehr unterschiedlich. Dies wurde von ihren jeweiligen Egos nicht bewusst ausgearbeitet. Hemingway begann als Autor nicht damit, dass er sich bewusst entschied, kurze Sätze zu schreiben; er stellte fest, dass er einfach Hemingway war, indem er so schrieb - der schweigsame männliche Macho, der heroische Kämpfer und so weiter. Der Stil eines Schriftstellers wird mit anderen Dingen über seinen Charakter übereinstimmen, und er wird sein Wesen darstellen. Diese einzigartige Signatur ist das Geschenk des *spiritus rector*.

Die Manifestation des *spiritus rector* ist nicht auf Intellektuelle und vollendete Künstler beschränkt. Jeder ist fähig, ein Künstler im Leben zu sein. Wenn ein Mensch in der zweiten Hälfte seines Lebens wichtige Entscheidungen trifft, beginnen diese in seinen wesentlichen Zügen als reifer Mensch zu skizzieren. Sie sind nicht mehr die Nachahmung des Stils seines Vaters oder seiner Mutter. In der Mitte seines Lebens beginnt er, diese frühen Einflüsse zu überwinden.

Probleme entstehen, wenn ein Mann sein Leben ohne die vom *spiritus rector* verliehene Integrität lebt. Es ist möglich, seine Richtung zu verleugnen oder aufzuheben. Ein Mann kann stattdessen nach einem konventionellen Verhaltenskodex leben und sich nach den Anforderungen der Persona statt nach der inneren Stimme des Selbst orientieren. Man merkt bei solchen Männern schnell, dass es ihnen an der Courage fehlt, authentisch zu sein. Tatsächlich sind diese Männer in allen Kulturen reichlich vorhanden. Solche Männer mögen sozial erfolgreich und kulturell umsichtig gelebt haben, aber sie sind keine individualisierten Männer, und sie hinterlassen keinen einzigartigen Eindruck, wenn man ihnen begegnet. Es sind Firmenvertreter, Ausschnitte von stereotypen Verhaltensmustern. Die einzigartigen Bilder, die beispielsweise von einem Mann wie Carl Jung und Sigmund Freud geblieben sind, basieren auf ihrem Wesen. Jeder von ihnen hat einen einzigartigen Stil entwickelt, indem er der heimlichen Führung eines *spiritus rector* folgte.

Dieser Faktor durchdringt alle Ebenen der Tätigkeit bis hin zu den konkretesten Entscheidungen des täglichen Lebens. Sie sind Originale, keine Nachahmer. Diese Anleitung ist nicht rational, aber das bedeutet nicht, dass sie verrückt oder absurd ist. Sie bedeutet, dass sich die maßgeblichen Entscheidungen im Leben nicht einfach aus Vorgängern ableiten lassen. Wüsste man alles Mögliche über die genetische Veranlagung und die kulturelle und psychosoziale Geschichte eines Menschen, könnte man immer noch nicht vorhersagen, wozu der *spiritus rector* ihn als Nächstes anleiten würde.

Wenn man genug über den Hintergrund einer Person weiß, kann ihr allgemeiner Charakter von Anfang an einigermaßen vorhersehbar sein, aber die Einzelheiten ihres Individuationsprozesses lassen sich nicht vorhersagen. Das geheimnisvolle Wesen der Persönlichkeit eines Mannes kann erst dann erkannt werden, wenn es sich im Leben manifestiert. Dieses Gefühl dafür, wer man ist, wird einem Mann in der zweiten Lebenshälfte zutiefst bewusster, nachdem er den Schoß seiner Mutter und das Haus seines Vaters verlassen hat, die Anima getroffen und seine Persönlichkeit entdeckt hat und durch die Einstimmung auf den *spiritus rector* ein Gefühl für seine eigene Stimme entwickelt hat.

Das Wesen des Selbst wird dem Menschen bewusster zugänglich, seine Position bewegt sich von der unbewussten zur bewussten Seite der Psyche. Es ist wie der Aufgang der Sonne - weit entfernt, aber offensichtlich manifest.

Die Geburt des Selbst im Bewusstsein ist das Ergebnis der zuvor hergestellten Beziehung zur Anima, die die Tür zum Unbewussten geöffnet hat, so dass der *spiritus rector* zu einer bewussten Funktion werden kann. Die Anima wird nun zu einer psychologischen Funktion als Vermittlerin und wird nicht mehr als weibliche Figur anthropomorphisiert oder abgebildet, sondern fungiert als Kommunikationsverbindung mit dem Selbst. Die Anima als solche ist dem *spiritus rector* gewichen. Sie hat den Weg zum Selbst geöffnet und ein Reich des inneren Raumes geschaffen. Daraus ergibt sich eine kindähnliche Fähigkeit, spontan zu spielen und auf erwachsene Weise kreativ zu sein. Man denke zum Beispiel an Goethe in seinen späteren Jahren.

Manchmal entsteht der Ruf nach der Erinnerung an das Leben des Menschen als Ergebnis einer starken Begegnung mit dem Unbewussten, d.h. in einer Vision, einem großen Traum oder einer beeindruckenden aktiven Imagination. Ich beschreibe diese Art von Erfahrung in dem Buch "In MidLife".

Als Odysseus in die Unterwelt hinabsteigt, um sich mit Tiresias zu treffen und um Rat zu fragen, wie er nach Hause zu seinem geliebten Thaca zurückkehren kann, sagt ihm der blinde Seher, wie er nach Hause kommen kann, jedoch sagt er, Odysseus könne dort nicht dauerhaft bleiben, bis er eine andere Aufgabe erfüllt hat. Er weist ihn an, ein Ruder zu nehmen und so weit ins Landesinnere zu reisen, dass er Menschen findet, die nicht wissen, was Ruder sind, und dort soll er das Ruder in die Erde einpflanzen.

Kurz gesagt wird Odysseus gebeten, Missionar des Meeresgottes Poseidon zu werden, den Odysseus beleidigt hatte, indem er seinen Sohn, den Zyklopen Polyphem, tötete. Deshalb verfolgte Poseidon Odysseus und trieb ihn hier und da über die hohe See, ohne eine Chance, nach Hause zu kommen. Er musste diese Mission annehmen, um dem zornigen Gott zu sühnen.

Mit anderen Worten: Nach der Lebensmitte findet ein Mann keine dauerhafte Ruhestätte und kein bequemes Zuhause. Stattdessen ist es zwingend notwendig, noch etwas mehr zu tun und nicht in erster Linie für sich selbst. Der Imperativ ist ein Auftrag zum Dienen und hat die besondere Aura, einem Ziel zu dienen, das über eine einfache individuelle Selbstverwirklichung hinausgeht. Es bedeutet, etwas Göttlichem zu dienen, d.h. ein Agent des Selbst zu werden.

Nach seiner Midlife-Crisis sagte Jung, er wisse, dass er nicht mehr nur zu sich selbst gehöre, sondern dass er jetzt zur Allgemeinheit gehöre. Er verspürte das Bedürfnis, seine Erfahrungen zu teilen und darüber zu sprechen, um das Bewusstsein der anderen Menschen weiter zu führen.

Er verbrachte den Rest seines Lebens damit, seine Bücher über Psychologie zu schreiben, die auf seinen Erfahrungen in der Lebensmitte basierten, wie sie in dem von ihm Liber Novus genannten Roten

Buch, seinem "Neuen Testament", geschildert werden. Es wurde zu seiner Lebensaufgabe, die Realität der Psyche zu erklären. Die Bekehrung des heiligen Paulus und ihre Folgen für sein Leben lassen sich ähnlich interpretieren. In dem Augenblick, als er auf der Straße nach Damaskus von einem hellen Licht geblendet wurde, erlebte er einen dramatischen Ruf des Selbst, der ihn unterstützte und seinem Leben für den Rest seiner Tage einen Sinn gab. Er goss seine gesamte Energie in seine Mission aus und wurde zu dem Paulus, den wir aus seinen späteren Briefen kennen. Er fand seinen persönlichen Mythos, indem er die Bedeutung dieser numinosen Erfahrung verstand und verkörperte.

An diesem Punkt unserer Überlegungen stellt sich eine wichtige ethische Frage: Wie soll ein Mensch unterscheiden zwischen dem, was ich als "wahre Mission" bezeichnen würde, und einer fehlgeleiteten Mission, die eine Inszenierung von Stolz, verletztem Selbstwertgefühl, frühem Trauma und Ressentiments wäre? Letzterer wird auch irrational von unbewussten Komplexen getrieben und kann die Fallen eines göttlichen Imperativs annehmen.

Wie schon bei Hitler kann eine "innere Stimme" zum Bösen raten. Man kann dem Bösen in die Hände fallen und von ihm ebenso beherrscht werden wie vom Guten, und man kann das Gefühl haben, von einem *spiritus rector* geleitet zu werden. Es ist eine Frage, wem oder was man dient. Hitler wird für immer als ein Mann hervorstechen, der vom Geist des Bösen besessen war. Manchmal ist das Einzige, was einem Menschen hilft, zwischen Licht und Dunkel zu unterscheiden, eine Tradition von Moral und Ethik.

Die Vision, die der *spiritus rector* in Form eines bewussteren Sinnes für den Lebensplan mitbringt, hilft einem Menschen, seine Energie für die Zukunft zu organisieren. Sie bietet eine allgemeine Orientierung, wenn auch normalerweise keine spezifischen. Sie bietet ein Symbol, und Symbole weisen auf mögliche Kanäle für den Fluss der psychischen Energie hin. Ein Mensch ohne eine Leitvision oder einen persönlichen Mythus weiß nicht, wohin er seine Energie lenken soll, und ist daher von anderen oder von der Kultur abhängig, die ihm die Richtung vorgibt.

Das entstehende Bewusstsein des größeren Selbst, das durch die Vermittlung des *spiritus rector* gegeben wird, ist wesentlich, um die Energie in der zweiten Lebenshälfte auf individuelle Weise zu kanalisieren, weil es aufzeigt, wo sinnvolle Aktivitäten möglich sind. Da der *spiritus rector* eine lebendige Präsenz in der Psyche ist, stellt er eine ständige Quelle der Orientierung und Inspiration dar. Ein Mensch kann im inneren Dialog zu ihm zurückkehren und in seiner Vision erneuert werden. Das Symbol wird von der Anima, der Lebenskraft, unterstützt, so dass es mit Lebensenergie ausgestattet ist.

Der Grundriss eines Menschen wird für ihn offensichtlich, wenn er auf den spiritus rector hört und seine Richtung ehrlich verfolgt. Ehrlichkeit ist Authentizität. Man könnte sagen, das heißt authentisch leben, wie die Existentialisten es ausdrücken, oder religiös, wie Jung es ausdrücken würde.

Der große dänische Philosoph und Theologe Søren Kierkegaard hat die Stufen der persönlichen Entwicklung in drei Phasen eingeteilt: die *ästhetische*, die *ethische* und die *religiöse*. Die erste Phase basiert auf dem Lustprinzip und ist in typischer Form in Mozarts Oper Don Giovanni zu sehen. Ein Mann in diesem Stadium ist im Mutterkreis der psychologischen Entwicklung eingeschlossen. Er ist ein *puer aeternus*. Die zweite Stufe führt einen Sinn für ethische Werte ein. Hier führt ein Mann sein Leben nach dem Gesetz und einem entsprechenden Sinn für Recht und Unrecht, und er entwickelt die Fähigkeit, schwierige moralische Entscheidungen in einer gesetzeskonformen Art und Weise zu treffen. Er gehört zum Väterkreis und ist der Rechtsstaatlichkeit und einem ethischen Leben verpflichtet. An diese Stufe schließt sich die religiöse Stufe an oder geht über sie hinaus durch das, was Kierkegaard einen "Glaubenssprung" nennt. Dieser Mann ist ein Held, ein "Ritter des Glaubens". Er manifestiert sich zu einer Zeit im Leben, in der die Gesetze für seine Herausforderungen unzureichend oder irrelevant sind. Die Stimme des *spiritus rector* dominiert in dieser Phase, und sie ruft zum Gehorsam auf. Die Stimme des Selbst leitet sich nicht aus dem Gesetz ab, sondern ist in den archetypischen Tiefen der Psyche verwurzelt. Der Sinn eines Menschen hängt nun nicht mehr von der Freude an der Befriedigung instinktiver Wünsche oder vom

Gehorsam gegenüber dem Gesetz ab, sondern von der primären Überzeugung, den Willen des Selbst zu erfüllen. Eine Vision ergreift einen Menschen und führt ihn über die Grenzen des Gesetzes hinaus. Kierkegaards biblisches Beispiel ist Abraham, der auf Gottes Stimme hört, die ihm befiehlt, seinen Sohn Isaak zu opfern, was dem Gesetz der Vaterschaft widerspricht. Er hat den Kreis des Vater-Archetyps verlassen und ist in den Kreis des Selbst eingetreten. Es ist ein radikaler Schritt in den Gehorsam gegenüber dem Gesetzgeber und nicht gegenüber dem Gesetz.

Während es viele banale Beispiele für die Führung gibt, die der *spiritus rector* im täglichen Leben gibt, folgt dieser Schritt des Religiösen dem *spiritus rector* in einen anderen Bereich des Seins, das Geistige. Der Moment, in dem der ethische Imperativ durch den spirituellen Imperativ transzendiert wird, ist aus der Sicht des Gesetzes unbestimmt. Er kann nicht durch Regeln des Rechts bewertet, gerechtfertigt oder verteidigt werden; er ist sein eigener Imperativ.

Frühere Stadien werden in diesen späteren Zirkeln nicht unbedingt hinter sich gelassen. Sie können auf einige wichtige Arten relativiert werden, aber ein Mann lässt seinen Schatten nicht zurück, das heißt seine menschlichen Fehler und Schwächen, seine ungelösten Probleme mit Mutter, Vater und Anima. Frühere Kreise sind jetzt vielleicht nicht mehr im Vordergrund, aber sie werden nie ganz ausgelöscht. Es gibt immer einen Rest ungelösten Materials in jedem Leben, selbst in dem eines großen Menschen.

Der fünfte Kreis: Gott

Das Zeitalter des Weisen

Um in die Diskussion des fünften Kreises einzusteigen, werde ich eine Entwicklungsstufe untersuchen, die nur wenige Männer bewusst erreichen, obwohl jeder, der bis ins hohe Alter lebt, auf die eine oder andere Weise in sie eintritt, weil sie die Frage nach dem Sinn des Lebens eines Mannes aufwirft.

Wir können dieses Stadium in den Biographien berühmter Männer, wie des russischen Schriftstellers Leo Tolstoi und des Philosophen Ludwig Wittgenstein, literarisch dargestellt sehen. Beide Männer griffen auf ihre Weise die Frage nach dem Sinn des Lebens und die Frage nach Gott auf. Ob ein Mann sich an etablierte religiöse Traditionen anlehnt oder sich individuell auf diese Suche begibt, der Sinn ist derselbe: mit dem Letztendlichen in Berührung zu kommen, mit dem Grund des Seins, um den Begriff von Paul Tillich zu verwenden, und nach der Antwort auf die Frage nach dem Sinn des Lebens zu suchen.

Wie wir sehen werden, beinhaltet diese späte Phase des Individuationsprozesses ein tiefes Engagement und Ringen mit dem transzendenten Selbst. Dabei geht es nicht einfach darum, zu lernen, zu meditieren und den Geist von ablenkenden Gedanken zu befreien. In Wahrheit bedeutet es, sich mit den tiefsten Paradoxien in sich selbst und im Kosmos auseinanderzusetzen, die zwei Aspekte einer einzigen Realität sind. In diesem Engagement findet man Licht und Dunkel, die Quellen von Leben und Tod und die Energien von Schöpfung und Zerstörung. Man kann es sich als einen Dialog mit Gott innerhalb und außerhalb der Grenzen der Psyche vorstellen. Wenn ich von Dialog spreche, dann folge ich den Ausführungen des jüdischen Denkers Martin Buber zu diesem Thema und auch Jungs Bericht über seine Auseinandersetzung mit dem biblischen Gottesbild in seinem Spätwerk "Antwort auf Hiob". Es ist eine ernsthafte *Auseinandersetzung*.

Gerade weil man sich mit dem *spiritus rector* im vierten Kreis verbindet, stößt man auf die Probleme der Gegensätze in Gott und dem Selbst. Gelingt es einem nicht, diese Verbindung im vierten Kreis herzustellen, akzeptiert man einfach konventionelle Ansichten, und diese grundlegenderen Probleme treten nie auf. Die Erfahrung des *spiritus rector* führt jedoch zu einer Begegnung mit der Vermischung von Gut und Böse, von Männlichem und Weiblichem und anderen Polaritäten und Paradoxien im Selbst.

Das Fortschreiten des Alters eines Mannes in das 7. und 8. Jahrzehnt bringt typischerweise das immer dringendere Bedürfnis mit sich, eine vollständigere Perspektive auf den Sinn und die Muster des eigenen Lebens zu gewinnen, um ein Bild des Ganzen zu entwickeln. Dunkle, grüblerische Fragen darüber, was das alles bedeutet und worauf das Ganze hinausläuft, sind typisch für Menschen im fortgeschrittenen Alter in einem bestimmten Stadium ihrer Reflexionen.

Bei ihnen kann eine Depression diagnostiziert werden, aber so einfach ist das nicht. Diese Befindlichkeit ist nicht ohne Bedeutung, und sie ist nicht grundsätzlich biologischen Ursprungs. Sie ist existentiell.

Während sie ihr Leben Revue passieren lassen, verweilen diese Männer oft bei bestimmten Schlüsselentscheidungen und Wendepunkten in ihrer persönlichen Geschichte, zum Guten oder zum Schlechten, in dem Versuch, mit den Entscheidungen, die sie im Leben getroffen haben, zurechtzukommen. Oft wird dies als eine moralische Frage dargestellt: Habe ich das Richtige getan? Oder es ist vielleicht eher eine emotionale Frage wie: Bin ich meiner Leidenschaft genug gefolgt oder bin ich ihrem Ruf ausgewichen? Diese Reflexion im Alter ist ein Versuch, Antworten auf die Sinnfrage im konkreten gelebten Leben zu finden und zu einer gerechten und ausgewogenen Wertschätzung dieses Lebens zu kommen.

Die Seele wird auf eine Waage gelegt und ihr Gewicht an einer Feder gemessen, so wie die alten Ägypter sich das Gericht im Jenseits vorstellten. Dies kann eine schwierige und langwierige Prüfung sein. Die Alchemisten nannten sie *meditatio*, die lange Meditation, die innere Dialoge mit guten und bösen

Engeln einschließt, und sie beginnt mit *nigredo*, dem Reich des Raben in alchemistischer Symbolik.

Über die bloße Reflexion über ihr persönliches Leben hinaus werden Männer im Alter philosophisch und betrachten den Sinn des menschlichen Lebens an sich. Warum gibt es den Menschen überhaupt? Ist unsere Anwesenheit auf diesem Planeten, unserer schönen und großartigen Erde, eine gute Sache oder eine schlechte Sache? Was ist die Bedeutung des menschlichen Bewusstseins angesichts des unermesslichen Universums, der Sterne und Galaxien? Natürlich sind diese Fragen unbeantwortbar, aber es ist wichtig, sie zu stellen, wenn man sich dem Ende eines langen Lebens nähert. Die Perspektive, die ein Mensch als Ergebnis dieser langen Meditation erreicht, wird ein wichtiger Teil des Erbes sein, das er den nachfolgenden Generationen hinterlässt. Wird er ein trauriges und verbittertes Bild hinterlassen, oder wird es ein hoffnungsvolles und ermutigendes sein? Oder ein ausgewogenes, das sowohl positive als auch negative Eigenschaften vereint? Mit Sicherheit kann es nicht gefälscht werden.

Der Versuch, sein Bewusstsein weit genug auszudehnen, um alle Aspekte der Wirklichkeit in ihrer Vielfältigkeit einzubeziehen, ist die Bemühung, Ganzheit zu finden. Ganzheit ist ein Meisterbegriff. Er bezieht sich auf die Realität an sich, und sein Symbol ist das Mandala. Das Streben nach Ganzheit bedeutet, das Bewusstsein so weit auszudehnen, dass es ein

Maximum an Reichweite auf die Wirklichkeit aus-
dehnen und sie ohne Verzerrung sehen kann, wobei
weder Böses wegrationalisiert noch versucht wird, es
in Gutes zu verwandeln, noch zynisch Gutes in Böses
verwandelt wird. Der Versuch, das Bewusstsein so weit
zu dehnen, dass es die Realität, wie sie sich in all ihren
Aspekten darstellt, beinhaltet, ist der Versuch eines
Menschen, Ganzheit zu erreichen. Das ist der fünfte
Kreis.

Das Ringen mit Gott im Alter wird zu einem
inneren Dialog. Dieser innere Dialog kann sich in
gewisser Weise nach außen verlagern, möglicherweise
als Lehre oder vielleicht als Schriften oder verbale
Aussagen von Lebensweisheiten. Wenn alte Menschen
versuchen, die Jungen auf angemessene Weise zu
lehren, sind die Jungen leider nicht geneigt, zu-
zuhören. Wenn sie aber als Stammesälteste Weisheit
verkörpern, brauchen sie vielleicht nichts weiter zu
sagen. Vielmehr verkörpern sie vielleicht in ihrem
Wesen und ihren Handlungen das Erreichen des
inneren Gleichgewichts zwischen den Gegensätzen.
Dabei können sie diejenigen, die mit ihnen in Kontakt kommen, beeinflussen, weil sie auch in ihrem
Schweigen Selbstprojektionen aufstellen und so als
Vorbilder fungieren. Durch ihre einfache Anwesenheit
tragen sie die Projektionen des weisen alten Mannes
und des Selbst. Für sie selbst ist es wichtig, sich bis zu
einer gewissen Kongruenz mit dem Selbst durch-
gekämpft zu haben.

Ein älterer Mensch, der diese Aufgabe erfüllt hat, wird in der Lage sein, eine radikale Freiheit vorzuleben, im Wesentlichen das zu sein, was er ist. Ältere Menschen beobachten oft, dass sie sich ab einem gewissen Alter nicht mehr darum kümmern müssen, was andere denken. Es ist jedoch wichtig, zwischen dem, *was* man ist, und dem, *wer* man ist, zu unterscheiden. Die Frage, wer man ist, ist ein Identitätsproblem, das personalistisch und egozentrisch ist. Was man ist, ist eine Selbstdefinition. Zu sein, was man ist, und nicht nur, wer man ist, stellt eine viel größere Annäherung an das Selbst dar. Solche Menschen sind nicht in sozialen Rollendefinitionen gefangen.

Dieses archetypische Bild des weisen alten Mannes oder Weisen beinhaltet das Potenzial für weiteres Wachstum, Kreativität und Weisheit, im Gegensatz zum Bild vom Alter als einer Zeit zunehmender Fähigkeitsdefizite. Wenn man es im richtigen Geist betrachtet, können solche körperlichen Defizite sogar als Stimulans für eine andere Art von Entwicklung und als Teil des Ringens mit dem Selbst fungieren. Die Beiträge, die alte Menschen zur Kultur leisten, sind einzigartig und besonders. Eine Kultur ist gesegnet, wenn sie Figuren besitzt, die die Projektion des weisen, alten Mannes tragen können, weil sie die Menschen auf Sinn und Ziel ausrichten können.

Ich denke oft an Jungs Biografie als eine Illustration der Kämpfe, die sich im fünften Kreis für einen Mann in seinen späteren Jahren abspielen. Gegen Ende seines Lebens beschäftigte sich Jung mehr und mehr mit zwei grundlegenden Fragen: dem Problem des Bösen und dem Problem der Vereinigung der Gegensätze. Er griff dies insbesondere in seinen Spätwerken "Antwort auf Hiob" und "Mysterium Coniunctionis" auf. Im ersten spricht er mit einer sehr persönlichen Stimme und mit großer Leidenschaft und Dramatik. Im zweiten kehrt sein Stil zum gewohnten analytischen und interpretatorischen Modus zurück. Bei der Beschreibung der Entstehung von "Antwort auf Hiob" sagt Jung, er sei "von seinem Daimon gepackt" worden. Während er sich von einem Anfall von Krankheit erholte, schrieb er fieberhaft und kündigte schließlich seiner Sekretärin Aniela Jaffé in einem Brief aus seinem Turm in Bollingen an: "Ich habe den großen Fisch gefangen".

Die Abfassung dieses Buches war für Jung sowohl ein persönlicher Kampf mit dem Problem des Bösen als auch eine Botschaft an seine Zeitgenossen über die Notwendigkeit einer weiteren Entwicklung der westlichen Religionsgeschichte und -kultur.

In "Antwort auf Hiob" erörterte Jung die Idee der Evolution des Gottesbildes. Diese Evolution entsteht als Ergebnis einer Konfrontation zwischen dem Ich und dem Selbst oder, in traditionellen Begriffen, zwischen Mensch und Gott. Es ist bezeichnend, dass im letzten Teil des Lebens die Psychologie mit der Theologie eine Äquivalenz erfährt. Man kann die strikte Trennung zwischen dem Persönlichen und dem Theologischen nicht mehr aufrechterhalten. In dem Maße, wie Ich und Selbst verschmelzen, werden auch Ich und transzendente Welt eins. Früher im Leben würde dies zu einer Inflation führen. Später im Leben wird dies zur Weisheit.

Aus unserer Perspektive sehen wir Jung als einen alten Mann im fünften Kreis, der dabei ist, sich mit einer anderen Dimension des Lebens jenseits der persönlichen Ebene des Ich-Bewusstseins auseinanderzusetzen. Sein Bestreben ist es, eine kollektive unbewusste Dynamik zu fördern, die weit über sein eigenes individuelles Leben und seine Zeit hinausreicht. Wenn sich der Einzelne weit genug entwickelt hat, kann er einen Hebel gewinnen, um die religiöse Tradition und die kollektive Sicht auf Gott auf eine andere Ebene der Ganzheit zu heben. [8]

Jung versuchte auch, Fragen von Gut und Böse in seinem eigenen Leben zu lösen, und er musste sich mit der Verzweiflung des Alters auseinandersetzen. Die Quellen der Kreativität können im Alter versiegen, obwohl auch noch ungeheure Mengen an neuer Kreativität auftauchen können, wie es sicherlich in Jungs späten Jahren der Fall war. Der alte Mensch wird mit dem Schatten - seinem eigenen, dem seines Stammes, seiner Kultur - zu tun haben und kann sich

---

[8] Siehe dazu Murray Stein, Leiden an Gott Vater, C.G. Jungs Therapiekonzept für das Christentum. Stuttgart 1988

leicht in der Dunkelheit verlieren und in Verzweiflung verfallen. Auch Jung erlebte dies in seinen späten Jahren. Aber wenn er sich weiterhin mit dem Projekt der Individuation beschäftigt, wird er das schmieden, was er selbst als Weltanschauung bezeichnete, eine grundlegende Lebenseinstellung, die sich aus einer Sichtweise ergibt, die Gut und Böse einschließt und die das ganze Selbst zum Ausdruck bringt. Er wird ein weiser alter Mann, die Verkörperung eines Archetyps innerhalb eines kulturellen Kontextes. Er übernimmt die Rolle des Ältesten, wie sie bei nichttechnologischen, natürlichen Völkern so dramatisch gesehen wird - als einer, der die Weisheit der Generationen, der Stammesgötter und der höchsten religiösen Werte repräsentiert.

So sehr er es auch ablehnte, wurde Jung für viele Menschen zu einer archetypischen Figur. Er wurde nicht mehr nur als Psychologe oder Philosoph gesehen, sondern er arbeitete in seinen Schriften eine Gestalt heraus, die für viele Menschen ein Modell ist, an das sie sich zur Orientierung in der modernen Welt gewandt haben.

Nach "Antwort auf Hiob" etwa 1952 beendete Jung das "Mysterium Coniunctionis", ein Buch über die geheimnisvolle Vereinigung der Gegensätze. Diese Vision der Integration der gesamten Persönlichkeit ist es, die Jung in den letzten zwanzig Jahren seines Lebens bewegte. Es war das Symbol, das seine schöpferische Energie kanalisierte, und er wurde in den letzten Jahrzehnten seines Lebens bemerkenswert produktiv, indem er große Werke zu Themen schrieb, die für seine und unsere Zeit von großer Bedeutung sind.

Zur Freundschaft zwischen Männern

"Wenn ein Mann lieb zu mir ist, habe ich das Ziel des Glücks erreicht", schreibt Emerson in seinem zu Recht berühmten Essay "Freundschaft"[9]. Wie viele Männer im Erwachsenenalter kennen diese Erfahrung? Ich habe den Eindruck, basierend auf persönlichen Beobachtungen, klinischen Erfahrungen im Gespräch und dem Lesen von Zeitschriften, Magazinen und Artikeln, dass die Zahl der Männer, die behaupten können, tiefe Freundschaften mit anderen Männern zu haben, statistisch gesehen sehr gering ist. Vielleicht wissen Männer einfach nicht, wie man Freundschaft gestaltet. John Beebe schreibt bewegend über "das Vorhandensein einer Abwesenheit" in den Beziehungen von Männern, wobei die Abwesenheit die Kompetenz für Intimität ist.[10]

Für die meisten Männer in unserer heutigen postmodernen Zeit ist eine enge Freundschaft mit einem anderen Mann nur noch eine Erinnerung aus

---

[9] Ralph Waldo Emerson, Essays, First Series (May 25-1803-April 27, 1882). (Toronto : Diamond Books, 2016), p. 169.
[10] John Beebe, 2006. «The Presence of an Absence: A Review oft he film 'Brokeback Mountain'» The San Francisco Jung Institute Library Journal, Vol. 25/1, pp. 78-90.

der Jugendzeit, als man einen Kumpel hatte, mit dem man die innersten Gedanken und Gefühle, Träume und Ambitionen und die alltäglichen Sorgen teilte.

Männerfreundschaften neigen in der Regel dazu, bei einer ernsthaften Beziehung mit einer Partnerin zum Stillstand zu kommen. Von da an fließt alle Intimität in diesen Kanal, und alle Vertraulichkeiten sind für diese Beziehung reserviert. Von da an werden die Beziehungen zu Männern im Rahmen von Studium, Arbeit, Teamprojekten und Berufsverbänden geführt. Damit soll ihr Wert und sogar ihr tiefer Sinn für Loyalität und Bindung nicht geschmälert werden, aber sie sind nicht das, was Emerson im Sinn hatte, als er die oben zitierten Worte sprach.

Es ist nicht so, dass die Beziehung zu einer Frau einfacher ist als zu einem Mann, aber sie ist anders. Beide sind komplex, aber auf unterschiedliche Weise. Und auch die Vorteile und Chancen, die sich aus dem Eingehen einer persönlichen Beziehung ergeben, sind unterschiedlich.

Wir wissen sehr wohl, dass die Psyche die Welt und vor allem die Menschen in der sie umgebenden Welt braucht, um voll aktiviert zu werden und die Weichen für eine optimale Entwicklung zu stellen. Eine Psyche ohne wichtige Beziehungen zur umgebenden Welt wäre überaus unfruchtbar und bliebe verkümmert, zurückgehalten in schattenhaftem Potential.

Es sind besonders nahestehende Personen in unserem Leben, die uns sehr wichtig sind und mit denen wir emotionale Bindungen eingehen, die das Bewusstseins- und Wachstumspotenzial der Psyche aktivieren. Wenn wir Teile unserer Psyche in und auf Objekte und Personen in der Welt projizieren und durch den Prozess, den wir Introjektion nennen, Inhalte von ihnen zurückerhalten, aktivieren wir wesentliche Teile des Selbst. Ich werde versuchen, dies im Folgenden mit besonderer Aufmerksamkeit auf die Beziehungen der Männer zu anderen Männern in dem Band, das wir Freundschaft nennen, zu vertiefen.

Denken wir für einen Moment an die Psyche als ein rundes Objekt mit einer Reihe von sensiblen Räumen, die im Laufe eines Lebens aktiviert werden sollen. Erfahrungen mit bedeutenden Menschen bringen diese Räume ins Spiel und aktivieren sie. Die Räume sind potenzielle Bereiche der Persönlichkeitsentwicklung, und durch die Aktivierung werden sie zu einem Teil des vollständigen Selbstseins eines Menschen. Diese Räume müssen aktiviert, mit spezifischen Inhalten ausgefüllt und genutzt werden. Wenn sie leer sind, bleiben sie nutzlos, nur potenziell, und die Persönlichkeit wird nicht vollständig entfaltet.

Wie viele solcher Räume gibt es in der Psyche? In Anlehnung an Jung stellen wir uns diese Potentialzentren als Archetypen vor, als angeborene Potentiale für Verhalten, Wahrnehmung und Entwicklung. Bisher hat noch niemand bewiesen, dass es eine bestimmte Anzahl von ihnen gibt. Ich versuche lieber, nicht auf der Seite von zu vielen oder zu wenigen zu stehen.

Wenn man zu wenige zählt, fällt man in den Reduktionismus. Wenn man zu viele zulässt, verlieren sie ihre psychische Bedeutung.

Zunächst einmal sind da die beiden Großen: Jede von ihnen wird durch die Erfahrung einer tatsächlichen Mutter und eines tatsächlichen Vaters aktiviert und nimmt dann allmählich die Form einer inneren psychischen Repräsentation einer bestimmten Art und Qualität an. Zum Teil sind sie als Erinnerungsbilder bewusst, zum Teil sind sie als Komplexe unbewusst. Diese eingebetteten Erinnerungen und Komplexe bleiben uns ein Leben lang erhalten und werden vielfältig genutzt. Dann gibt es die beiden, die ich für etwas verwandt halte, die aber unterschiedlich genug sind, um sie getrennt zu zählen: Schwester und Bruder. Und schließlich gibt es noch zwei weitere, die wir Liebhaber und Freund nennen werden.

Für einen Mann liegen Mutter, Schwester und Liebhaber auf einem Kontinuum, so wie Vater, Bruder und Freund. Wenn der Junge zum Mann heranwächst und reift, werden diese Zentren aktiviert und differenziert. Die späteren - d.h. Schwester und Geliebte - behalten zwangsläufig tonale Farbschattierungen der früheren. So kann der Liebende der Schwester ähnlich sein, die wiederum der Mutter ähnlich sein kann. Für einen erwachsenen Mann ist seine Geliebte auch seine Seelenschwester und seine archetypische Mutter, da all diese weiblichen Elemente seiner Persönlichkeit in der Gestalt einer "SHE" zum Ausdruck kommen. Und so ist auch und parallel dazu der Freund archetypisch kontinuierlich mit dem Bruder und mit dem Vater verbunden. Wenn ein Mann "lieb wird", um Emersons berührende Phrase zu verwenden, und ein Freund wird, wird die Psyche wahrscheinlich auch ihre Neigungen (und ihre Abneigungen) zu Bruder und Vater in diese Figur projizieren.

So wie ein Mann in einer intensiven intimen Beziehung zu einer Frau unweigerlich mit seiner Seelen-Schwester und seinem Muttergrund in Kontakt kommt, so wird er sich mit einem männlichen Freund seinem Schattenbruder und dem Geist des Vaters nähern. So wie der Liebende sich mit seinem Körper und seinem Urinstinkt der Sexualität verbindet und seine Liebesfähigkeit in das Spezifische und das Besondere kanalisiert, so verbindet ihn letzteres mit dem männlichen Schatten der Aggression und möglicherweise auch mit der spirituellen Transzendenz, also mit der Möglichkeit eines erweiterten Gemeinschaftsgefühls.

So wie der Liebende sich mit seinem Körper und seinem Urinstinkt der Sexualität verbindet und seine Liebesfähigkeit in das Spezifische und das Besondere kanalisiert, so verbindet ihn letzteres mit dem männlichen Schatten der Aggression und möglicherweise auch mit der spirituellen Transzendenz, letztlich mit der Möglichkeit eines erweiterten Gemeinschaftsgefühls. Wir hören dies prächtig in Beethovens "Neunter Symphonie", die den Zeilen des deutschen Dichters Friedrich Schiller einen so starken emotionalen Ausdruck verleiht: "Alle Menschen werden Brüder"!

Es ist allgemein bekannt, dass ein Mann eine Frau für seine Seelenarbeit braucht. Wir wissen nicht ganz so gut, dass ein Mann einen Mann als Freund braucht, um seinem Schatten zu begegnen, sein Ego zu relativieren, indem er Platz für diesen Bruder macht, und um durch diesen Prozess die Fähigkeit zur Gemeinschaftsbildung zu erlangen. Das psychische Zentrum, das ein Liebender in einem Mann aktiviert, ist die Anima; das Zentrum, das ein männlicher Freund aktiviert, ist der Schatten. Die Bedeutung des letzteren wird in unserer Kultur bei weitem unterschätzt, was ein Grund dafür ist, dass sie nach wie vor so individualistisch ausgerichtet ist. Wenn ein Mann keine starke und sichere Brücke durch die Erfahrung der Freundschaft zu anderen Männern findet, wird er nicht in die Lage versetzt, Gemeinschaft zu bilden, wird er zu Hause bleiben und sich in der Anima-Welt, in einer einseitigen Exklusivität und Innerlichkeit isolieren.

Die Individuation verläuft in einer Art Helix-Muster in Bezug auf Mutter-Vater-, Schwester-Bruder-, Liebhaber-Freund-Konstellationen und Integrationen. Eine Fixierung auf einer Seite dieser Helixstruktur wird die Entwicklung zur Ganzheit arretieren.

Ich werde nun drei mögliche Arten von Freundschaften zwischen Männern betrachten, die stark davon abhängen, wie die Entwicklung auf der weiblichen Seite der Helix verlaufen ist. Natürlich gibt es zu jedem dieser drei Typen viele Variationen.

Die erste ist das, was ich *"in der Mutter-Freundschaft"* nennen werde, in Anlehnung an die Nomenklatur in den Kapiteln über die Individuation der Männer (siehe die vorherigen Kapitel). Damit meine ich eine Männer-Männer-Bindung, die durch eine psychische Verschmelzung zwischen zweien gekennzeichnet ist. Bei diesem Typ beruht die Freundschaft auf einer unbewussten Identität, die die beiden zu einer einzigen psychischen Einheit verschmilzt. Dies dient der Erfüllung einer unbewussten Sehnsucht nach dem Paradies, nach Vereinigung mit dem anderen, nach keinen Unterschieden oder Grenzen. Die beiden werden eins. Die Identität der einen Person nimmt die Identität der anderen an, und diese verläuft in beide Richtungen, so dass sie das Bild von zwei identischen Köpfen auf einem Körper annimmt. Die beiden Männer spiegeln einander. Es gibt keine Unterschiede in ihren Haltungen gegenüber der Welt. Sie vereinigen sich gegen andere und bilden eine exklusive Beziehung als Paar. Das Gleiche sieht man in heterosexuellen Paaren, in denen Mann und Frau verschmolzen sind.

Diese Art von Beziehung tritt auf, wenn sich das Ego eines Mannes nicht ausreichend von seinem Mutterkomplex gelöst hat, d.h. von dem unbewussten Grund, aus dem es in der frühen Kindheit auftaucht. Eine Identität zwischen dem Ego und dem unbewussten ("mütterlichen") Hintergrund bleibt bestehen und beeinflusst alle anderen Beziehungen. Eine Beziehung zwischen den beiden Männern, die auf diesem psychischen Hintergrund beruht, ist weitgehend unbewusst. Sie verbinden sich intuitiv miteinander, oft auf eine quasi magische Weise. Worte sind nicht nötig, um Gefühle auszudrücken, da sie über unbewusste Kanäle kommuniziert werden. Die Männer sind daher weitgehend stumm, was aber nicht bedeutet, dass nichts zwischen ihnen vorgeht. Die Freundschaft zwischen den beiden besteht psychologisch in der gleichen grenzenlosen und diffusen Atmosphäre, die ihre Ich-Identitäten kennzeichnet. Sie sind beide ziemlich unentwickelt und ungeformt. Diese Art von Freundschaft hat einen kindlichen und infantilen Charakter. Es ist eine frühe Version der Freundschaft.

Eine zweite, fortgeschrittenere Art der Freundschaft wird möglich, wenn ein Mann sich entschiedener von seinem Mutterkomplex und seinem unbewussten Hintergrund getrennt und eine klare Linie zwischen sich und den männlichen Merkmalen seiner Persönlichkeit gezogen hat. Mit anderen Worten, er ist ein Mann im klaren und ausgeprägten Sinne geworden. Seine männlichen Beziehungen werden nun von Konkurrenzdenken geprägt. Misstrauen und sogar Feindseligkeit dringen in seine Beziehungen zu anderen Männern ein. Es gibt Wettbewerbe der körperlichen Leistungsfähigkeit, und Aggressivität wird hochgeschätzt. Bestimmte Aspekte seines Wesens sind jedoch verdrängt worden und geraten in den Schatten, der "den anderen" repräsentiert.

Diese Art von Mann begrüßt einen anderen mit anfänglichem Misstrauen, was bei dem anderen eine Angstreaktion auslöst. Wenn diese Art von Männern Freundschaften schließt, beginnt die Freundschaft gewöhnlich mit einem Kampf. Dann, wenn die Feindseligkeiten aufhören, können sie schnell zu Freunden werden. Das sind Krieger. Klassischerweise passen der babylonische Held Gilgamesch und sein Gefährte Enkidu auf diese Beschreibung. Sie treffen sich ursprünglich am Stadttor und liefern sich einen bösartigen Ringkampf, woraufhin sie sich schnell anfreunden und gemeinsam Heldentaten vollbringen. Zuerst ein würdiger Gegner, später ein Kumpel, aber immer mit einem gewissen Maß an Ungleichheit zwischen ihnen. Es ist eine Ich-Schatten-Beziehung. Teenager-Jungs bilden oft diese Art von Bindung zwischen einander.

Einer der Helden meiner Kindheit war der Lone Ranger. Er wurde stets von Tonto, seinem vertrauten indianischen Gehilfen, begleitet. Alle ihre Heldentaten waren gemeinsame Anstrengungen, und viele Male haben sie sich gegenseitig das Leben gerettet und sich gemeinsam der Aufgabe gestellt, Gerechtigkeit zu üben. Und doch war diese Figur nur als der Lone Ranger bekannt. Warum "Lone"? Weil sein Freund eine Schattenfigur war und ohne eine ganz eigene Geschichte oder Identität blieb. Seine Persönlichkeit hing von seiner Beziehung zum Lone Ranger ab. Wie Enkidu, der aus dem "Jenseits" kam, gehörte Tonto einer anderen Kultur an. Er wurde weitgehend unbeachtet gelassen und blieb trotz seiner wichtigen Rolle bei den Abenteuern im Schatten. Wie viele *unserer* so genannten "Lone Ranger" - jene "Selfmademänner", die scheinbar so völlig selbstgenügsam sind - sind heimlich und unbewusst von einem stillen Freund, einer pflichtbewussten Organisation oder einem still unterstützenden Assistenten abhängig? Diese männlichen Beziehungen sind hierarchisch strukturiert. (Siehe dazu viele literarische und Film-Figuren!)

Der einzige Vorfall, an den ich mich aus den Jahren, in denen ich die Lone Ranger-Programme im Radio hörte, deutlich erinnere, war jener, als Tonto in Schwierigkeiten geriet. Die bösen Jungs hatten ihn gefangen genommen und an einen Pfahl in einer Schlucht gefesselt und ihn zum Sterben in der prallen Sonne zurückgelassen. In den Nächten und Wochen danach packte mich der eindringliche Ruf Tontos nach seinem Freund, der durch die Kammern des Wüstencanyons hallte: "Kemo Sabe, Kemo Sabe, Kemo Sabe." So ergreifend war dieser Hilferuf des in Schwierigkeiten steckenden Freundes. Am Ende rettete ihn der Lone Ranger, zu meiner großen Erleichterung.

Etwas in uns weiß, dass, wenn der Schattenfreund stirbt, auch etwas in uns stirbt. Unsere Leben sind unwiderruflich miteinander verbunden. In dieser

Art von Freundschaft gibt es auch einen Rest des Identitätsbandes, das bei der ersten, vorher beschriebenen Form der Freundschaft so überaus wichtig war. In der Psychologie nennen wir dies projektive Identifikation oder «*participation mystique*». _Es gibt eine dritte Art_ der Männerfreundschaft, die ich als "reife Freundschaft" bezeichnen möchte.

Diese wird möglich, wenn ein Mann sein Ego fest und entschieden vom Mutterkomplex (dem Unbewussten) abgegrenzt hat, aber auch einige der Elemente des Schattens und auch einige der unbewussten weiblichen Aspekte seiner Persönlichkeit in seine Ich-Einstellung integriert hat. Ich hatte bereits erwähnt, dass der "Freund" auf einem archetypischen Kontinuum mit dem "Bruder" und dem "Vater" existiert. Damit meine ich, dass es in der Freundschaft eines Mannes mit einem anderen Mann, mit dem er nicht blutsverwandt ist, eine gewisse Resonanz mit den psychischen Strukturen des anderen geben wird. Praktisch bedeutet dies, dass die Dynamik der Männerfreundschaft bis zu einem gewissen Grad mit ödipalen und geschwisterlichen Rivalitätsdynamiken belastet sein wird. Dies führt zu den beiden großen Hindernissen für die Männerfreundschaft zwischen erwachsenen Männern. Das erste ist die Kastrationsangst, und das zweite ist Neid.

Die Vorliebe des erwachsenen Mannes für hierarchische Beziehungen zu anderen Männern hat ihre Wurzeln in der ödipalen Dynamik. Für einen Mann,

129

der von gravierender Kastrationsangst bedroht ist, ist die einzig tolerierbare Beziehung zu einem anderen Mann eine hierarchische: bequem ist entweder oben oder unten, aber jede Bewegung in Richtung einer Veränderung dieser Struktur erzeugt unerträgliche Ängste. Für diese Art von Mann ist die Freundschaft der intimen Art mit einem anderen Mann, die ich beschrieben habe, nicht in den Möglichkeiten vorgesehen. Dieser Mann kann einen "Chef" akzeptieren, wie auch einen "Diener", aber er mag keine gleichwertige Beziehung zu einem männlichen Ebenbürtigen haben.

Sollte sich ein Mann mit diesem Problem auseinandersetzen, könnte er auf ein weiteres Hindernis stoßen. Dies hat mit der Rivalität zwischen Geschwistern zu tun.

Wir kennen diese Geschichten gut aus Romanen und Filmen, und historisch gesehen sind sie seit Beginn der Geschichtsschreibung das Kernstück der Familiengeschichten. In der Bibel ist der berüchtigtste Mörder der neidische Mörder seines Bruders: Kain. Josephs neidische Brüder versuchen, ihn zu töten, verkaufen ihn aber stattdessen in die Sklaverei in Ägypten. Der auf Geschwisterrivalität beruhende Brudermord zieht sich wie ein wagnerianisches Leitmotiv durch die Bibel. Der Neid, der zwischen Brüdern entsteht, hat seinen Ursprung in der Wahrnehmung, dass der eine etwas Besonderes ist oder eine Begabung besitzt, die der andere nicht hat.

Man ist klüger (Jakob über Esau), oder die eigene Gabe wird mehr bevorzugt (Abel über Kain), oder man wird von einem Elternteil bevorzugt und mit besonderen Privilegien ausgestattet (Joseph über seine Brüder). Dieses Gefühl, dass der eine dem anderen vorgezogen wird, untergräbt das Selbstwertgefühl des anderen und raubt ihm letztlich das Selbstwertgefühl. Das ist die Tragik des vom Vater nicht Gewählten. Leer gelassen und abgelehnt, rächt er sich. Neid ist ein mörderisches Gefühl. Bei Männern ist das Selbstgefühl also innerlich nicht gut verwurzelt und neigt dazu, sich an dem Wert zu messen, den die Gesellschaft oder wichtige Autoritätspersonen dem anderen geben, das Potenzial für Freundschaft wird dadurch ernsthaft geschmälert.

Angenommen, diese Nachteile sind nicht allzu gravierend und die Schattenintegration reicht aus, um die für eine intime Freundschaft notwendige Offenheit und Empfänglichkeit zu ermöglichen, wie sieht das aus?

Es gibt einige Beispiele für Männerfreundschaft, die als Vorbilder dienen können, aber es sind in unserer Kultur nicht sehr viele. Der Autor David Michaelis machte sich unter dem Titel "Die besten Freunde: Profile außergewöhnlicher Freundschaften"[11] auf die Suche nach solchen Freundschaften. Das Buch

---

[11] David Michaelis, 1983. The Best of Friends: Profiles of Extraordinary Friendship (New York: William Morrow & Co.).

enthält einen Bericht über sieben Männerfreund-schaften.

Darunter sind zwei Industriekapitäne (Don Louris von Quaker Oats und George Love, Präsident von Consolidation Coal), Erfinder/Künstler (Isamu Noguchi und Buckminster Fuller), Entertainer (Dan Ackroyd und John Belushi), Abenteurer (die Berg-steiger Leonard Picotte und Michael Edwards) und die Politiker LeMoyne Billings und John Kennedy). Dies sind Personen, für die die Freundschaft von langer Dauer und tiefer Bedeutung war. In einer Rezension dieses Buches schreibt der jungsche Psychotherapeut Robert Hopcke: "Diese Freundschaften bestehen zwischen Männern, die handeln" und sich in gemein-samen Aktivitäten engagieren, wie "Segeln, Handel, Design, Wohnungsbau, Bergsteigen, Comedy, Schiffe kommandieren, trinken, reisen... Dies sind keine stillen Freundschaften friedlicher Momente, die in der Abendflaute geteilt werden, sondern energische Wesen, die im Bereich des homo faber produzieren... [Ihre] Produktivität war sowohl ein Ausdruck ihrer Männlichkeit als auch Klebstoff für ihre Bezie-hungen"[12]. Hopcke stellt auch fest, dass diese Freundschaften Beweise für die Präsenz der Anima als Funktion von Gefühlen tiefer Verbundenheit und

---

[12] Robert H. Hopcke, 1987, „Eros in All His Masculinity: Men as Lovers, Men as Friends", The San Francusco Jung Institute Library Journal, Vol. 7/4, p. 37.

Bindung zwischen den Freunden zeigen. Es ist diese Kombination, die den Titel der Freundschaft verdient.

Wenn wir erneut über die oben erwähnte Helix-Beziehung zwischen männlichen und weiblichen Aspekten der Persönlichkeit sprechen, können wir beobachten, dass im Unbewussten eine Entwicklung auf der weiblichen Seite stattgefunden hat. In deren Folge hat sich die Anima aus dem mütterlichen Boden heraus entwickelt, hat sich zu diesem Zeitpunkt in der Entwicklung des Mannes in projizierter Form in Liebenden niedergeschlagen und ist durch einen Prozess der Spiegelung allmählich in das Ich-Bewusstsein integriert worden. Wenn ein Mann das Glück hatte, mit einer geliebten Person, die seine Anima-Projektion gut und über einen längeren Zeitraum getragen hat, in einer beständigen und kontinuierlichen Beziehung zu sein, die ihm sanft und bestimmt geholfen hat, die Verantwortung für die projizierten Elemente im Dienste ihrer Beziehung zu übernehmen, dann hat dieser Mann in seinen Egostrukturen (zumindest) einige der weiblichen Qualitäten, die die Tiefe der Intimität möglich machen. Es gibt keine "Präsenz der Abwesenheit", wie John Beebe in seiner Besprechung des bereits zitierten Films "Brokeback Mountain" sagte. Solche Männer wissen sich in einer intimen Beziehung zu verhalten.

Gewöhnlich überlässt der Durchschnittsmann seiner Partnerin das Fühlen, die Beziehung, die Pflege und das Eingehen auf die emotionalen Bedürfnisse der anderen. Der junge Mann sieht all dies als nicht sehr "männlich" an. Aber durch Liebe und Spiegelung und Ermutigung, aber auch durch Krisen und Heraus- forderungen, Quälereien und Beschuldigungen kann ein Mann einige dieser Fähigkeiten auch bei sich selbst entwickeln. Dies ist der post-patriarchalische Mann, und es ist dieser Mann, der in der Lage ist, Freund- schaften mit anderen Männern in dem hohen und edlen Sinn von Freundschaft zu haben und zu genießen, über den Emerson geschrieben hat.

Zuerst Schatten-, dann Anima-Integration - das sind die "Zutaten", welche die dritte Art der Männer- freundschaft möglich machen. Wenn der männliche Schatten integriert und die Tür zur Anima als innere Funktion in der Persönlichkeit eines Mannes geöffnet ist, wird die Fähigkeit zur Zärtlichkeit, zur Sensibilität für Gefühle und zu einer positiven Bewertung des Gefühlslebens um seiner selbst willen möglich. Und zwar, ohne den Sinn für Männlichkeit oder für Trennung und Differenz zu verlieren, und dies ohne Feindseligkeit und Konkurrenzdenken. Durch die Schattenintegration wird das Männliche nicht vom Weiblichen verschluckt oder dominiert. Dann kann der Mann, der in Abhängigkeit von seiner bewussten Persönlichkeit Zugang zur Anima hat, sowohl Halt geben und eindämmen als auch handeln und initiieren. Er ist in der Lage, sich auf das Spiel mit einem anderen Mann einzulassen, ohne in einen Macho- Wettbewerb zu verfallen, auch wenn der Wettbewerb

Teil des Spiels sein mag. Da gibt es den Genuss eines Mittagessens, bei dem es sich nicht um einen Power-Lunch handelt, sondern nur um ein Gespräch und den Austausch von Gedanken und Gefühlen über eine gewisse Zeit bei Speis und Trank.

Es gibt einen Raum für Gespräche ohne das Erfordernis der Entscheidung und des Abschlusses. Der Wunsch des Egos nach Leistung, nach Eroberung, nach Überwindung von Hindernissen und dem Erklimmen jedes Berges kann zugunsten von Scherzen, Spiel, stillem Meinungsaustausch und zwanglosen Erinnerungen beiseitegelegt werden. Diese Entwicklung der Persönlichkeit ermöglicht eine intimere Art der Freundschaft.

Es ist bekannt, dass es für viele Männer schwierig, ja sogar schmerzhaft ist, über persönliche Angelegenheiten zu sprechen: ihre Ehen, ihre Konflikte, ihre sexuellen Neigungen und Fantasien. Es ist nicht der Mangel an Sprache, der daran schuld ist. Es sind die Hemmungen. Hinter diesen Hemmungen verbergen sich Ängste vor Unzulänglichkeit, ja ein Gefühl der Scham, überhaupt Gefühle und Sehnsüchte zu haben. Es besteht die Angst, im Wettbewerb um die besten Leistungen geschlagen zu werden. Meistens geben Männer, wenn sie über Sex sprechen, an; selten geben sie Versagen, Unerfahrenheit, unerfüllte Sehnsucht, Unzulänglichkeit zu.

Mein Gedanke ist, dass der post-patriarchalische Mann es besser machen wird. Die Anima bietet

Raum für zärtliche Gefühle. Für Emerson war dies eine der beiden wesentlichen Zutaten für wahre Freundschaft, die andere war Aufrichtigkeit.[13]

Martin Scorseses Film "Die letzte Versuchung Christi" zeigt Szenen der Freundschaft zwischen Jesus und Judas, die besonders berührend und in Bezug auf unser Thema lehrreich sind. Sie orientieren sich am Johannes-Evangelium: in welchem Evangelium Jesus am innigsten mit seinen Freunden, den Jüngern, befreundet ist. Es gibt eine Szene im Film, die sich eines Nachts unter einem Baum abspielt, als Jesus nicht schlafen kann und von seinen Zweifeln geplagt wird. Neben ihm sitzt Judas. In einem bestimmten Moment liegt Jesus in den Armen von Judas, und Judas tröstet ihn. Jesus spricht Seelengespräche, die Art von Gesprächen, die ein Mann normalerweise nur mit einer Geliebten, einer weiblichen Geliebten wagen wird. Diese Szene hat nichts Sexuelles an sich. Es ist intim, ein Mann teilt seine Unsicherheit mit einem Freund.

Für die meisten Männer erfolgt die größte Annäherung an eine solche Szene in der Analyse, nachdem die Abwehrmechanismen abgebaut sind, Vertrauen entwickelt wurde und der männliche Analytiker seine Vertrauenswürdigkeit und seine Fähigkeit, Emotionen auszuhalten und einzudämmen, unter Beweis gestellt hat. Dann können die geheimen

---

13 Emerson., pp. 168-69.

Ängste eingestanden, das Innenleben offenbart und die wahre Geschichte erzählt werden.

Emerson schließt seine langwierige Abhandlung über die Feinheiten, Fallstricke, den Ruhm und die Täuschungen der Freundschaft mit der aufwühlenden Linie ab: "Die Essenz der Freundschaft ist Ganzheitlichkeit, eine totale Großherzigkeit und Vertrauen"[14]. Nur eine ganzheitliche Person kann dies anbieten oder annehmen. Und das ist der Grund für ihre Seltenheit unter uns.

---

[14] Ibid., pp. 179-80.

Gesten des Bevaterns[15],[16]

Eins: Die Geste des Auswählens.

Als ich anfing, ernsthaft über das Thema Väter und Vaterschaft nachzudenken, war mein eigener Vater kurz vorher verstorben, so dass das Thema persönlich relevant war. Im Rückblick wurde mir klar, was für eine wichtige Figur er in meinem Leben gewesen war. Er starb im Alter von 68 Jahren an Krebs in einem Krankenhaus in Winnipeg, Manitoba, etwa 200 Meilen von dort entfernt, wo er mich 38 Jahre zuvor gezeugt hatte. Er war ein hochgeschätzter und sehr geliebter Pastor in der Nordamerikanischen Baptistenkirche, einer kleinen religiösen Glaubensgemeinschaft mit Wurzeln in der schweizerischen und deutschen Täufertradition. Meine Erinnerungen an ihn sind zahlreich, die meisten davon mit der Kirche

---

[15] This text is based on a series of lectures I gave at the C.G. Jung Center in Evanston, IL, in 1985. The audience was composed mostly of training candidates at the Chicago Jung Institute. I have edited and modified the original lectures somewhat for this publication.

[16] *Anmerkung des Übersetzers*: Der Originaltitel lautet: *„Gestures of Fathering"*. Das englische Wort *Fathering* wird allgemein übersetzt mit *Zeugung*. Im Zusammenhang des Textes sind aber verschiedene andere Bedeutungen dieses Begriffs angewandt, die zum Teil im Deutschen nicht gebräuchlich sind. Zum Beispiel habe ich das Wort *„Bevatern"* neu eingeführt, das man im Duden nicht findet, das aber als Analogon zu *„Bemuttern"* berechtigt ist.

verbunden. Es gibt eine Geschichte, die besagt, dass ich, als ich etwa zwei Jahre alt war, in einem Gottesdienst so etwas wie ein Spektakel aus mir machte, indem ich auf der Kirchenbank stand und "predigte", mit den Armen winkte und lautstark im Gleichklang mit meinem Vater auf der Kanzel sprach. Ein anderes Mal wurde ich von meiner Mutter gefunden, als ich von einem Lastwagen aus zu einigen Kindern predigte.

Meine früheste Erinnerung, die etwa mit 24 Monaten beginnt, ist, dass ich mit meinem Vater zusammen war und mit ihm in einem Laden auf dem Land Verstecken spielte. Die Erinnerung treibt mir immer noch Tränen in die Augen. Ich erinnere mich lebhaft an den Duft und den Geist von ihm.

Er war ein extravertierter Mensch und in seinem reifen Erwachsenenalter körperlich äußerst vital. Er liebte es zu essen, Geschichten zu erzählen und zu lachen. Und er war seiner Berufung als Diener des Evangeliums völlig hingegeben. Er diente dem Evangelium von Jesus Christus mit hemmungslosem Eifer und Enthusiasmus.

Die Rolle meines Vaters in meinem Leben ist natürlich nicht einfach. Durch eine Kombination von Identifikation mit ihm, mit seiner Lebensaufgabe, mit seinen tief verwurzelten Überzeugungen und Lieben und Vorlieben auf der einen Seite und einer rebellischen Reaktion gegen ihn - sein Mangel an intellektueller Finesse und der Einfluss seiner Anima-Stimmungen und Vorlieben - nahm vieles von dem, was mir lieb und teuer ist oder auch abgelehnt wird, eine bestimmte Form an. Meine frühen Erinnerungen sind die an einen zärtlichen Vater, die jugendlichen Erinnerungen an Streit und Konflikt und Bruch, und die letzten Erinnerungen sind die an Versöhnung, als er friedlich in das abgleitet, wonach er sich für immer sehnte, den gesegneten Frieden der Ewigkeit.

Ich habe ich mich gefragt: Was ist in diesem ganzen Durcheinander von Erinnerungen persönlich und tatsächlich mit dem Mann verbunden, der mein Vater war, und was ist archetypisch und was das Produkt von Projektionen?

Ich muss gestehen, dass der himmlische Vater und mein Vater miteinander vermischt sind, und meine Gefühle für den einen in meine Gefühle für den anderen übergehen. In der Theorie machen wir einen so großen Unterschied zwischen dem Persönlichen und dem Unpersönlichen. Ich habe mich über diese Unterscheidung schon oft gewundert.

Als Psychoanalytikerinnen und Psychoanalytiker wissen wir, dass es in der Übertragung gewöhnlich ein persönliches Element gibt, das auf der früheren Erfahrung des Klienten mit seinem Vater (und anderen Personen) beruht. Das unter psychoanalytisch geschulten Therapeuten weit verbreitete Konzept der Übertragung geht davon aus, dass die frühe Erfahrung der erlebten Gestalt im Großen und Ganzen auf einen Fremden, den Analytiker, übertragen und fixiert wird. Wie auch immer, es gibt hier ein Paradoxon. Es scheint, dass die Vergangenheit in gewisser Weise nichts zählt, wenn die Übertragung erscheint. Der Erfahrungsschatz, der in meinen Vaterkomplex eingeflossen ist - all die Jahre der Liebe und des Hasses und des Kampfes und der Enttäuschung und der Desillusionierung und des Umgangs mit einem nicht perfekten Vater - wurden weggewischt, als ich eine Übertragung auf meinen ersten Therapeuten entwickelte. Es entstand plötzlich und mit Gewalt aus einer Ebene der Psyche, die sehr wenig mit Erinnerung, Lernen oder persönlicher Geschichte zu tun hatte. Die Übertragung schafft eine Lücke in der historischen Kontinuität. Sie ist keine einfache Schleife zurück zu dem, was einmal wirklich war. Freud glaubte, dass Übertragung eine Wiederholung einer Kindheitserfahrung des Elternteils mit sich bringt; Jung ging tiefer und erklärte, dass die Kindheitserfahrung selbst von einer archetypischen Struktur geprägt sei. Kinder projizieren den Mutter- und Vaterarchetyp auf ihre tatsächlichen Eltern und reagieren auf diese Projektion genauso oder mehr als auf die realen Personen, die zufällig ihre Eltern sind. Wir sind von Anfang an durch die Projektion des "Vaters" auf unsere Väter strukturiert. Der Zweck dieser Projektion ist es, sie zu Vätern zu machen, indem wir auf unsere Wünsche und Bedürfnisse nach einem Vater reagieren. Sowohl bei den Eltern als auch bei den Kindern gibt es eine unbewusste Spiegelung, die die gewünschte Beziehung schafft oder, wie wir sagen, "konstelliert". Die Übertragung macht alles noch einmal, und auf diese

Weise macht der Klient den Analytiker zu dem Übertragungsobjekt, das von ihm benötigt wird.

Damit will ich sagen, dass es schwierig ist, den Unterschied zwischen meinem tatsächlichen Vater und dem Vater-Archetyp zu erkennen. Wenn der Archetyp seine Arbeit gut gemacht hat, hat er meinen aktuellen Vater zu dem gemacht, was er sein sollte, um dem Muster zu entsprechen. Mein Vater und das tiefere Muster sind sich also sehr ähnlich, und die Geschichte hat sie so miteinander verflochten, dass ich das eine nicht vom anderen unterscheiden kann. Sie sind "verheiratet". Für immer wird der Vater Gott mein Vater sein, und mein Vater wird Gott sein, weil die Übereinstimmung so eng war. Er tat, was er sich vornahm, zu tun: Zuerst erschuf er mich, dann liebte er mich, und schließlich zog er mich allen anderen Kindern auf der Erde vor. Ich wurde von ihm erschaffen und auserwählt. Später stellte er auch große Anforderungen an mich: Er erwartete von mir, dass ich besser sei als alle anderen Kinder (schließlich war ich der "Pfarrerssohn"); ich sollte ein Vorbild sein, ein "Licht für die Völker", ihr "Priester", wie die Bibel vom auserwählten Volk spricht. Und das hat mir eine schreckliche Last auferlegt. Ich hasste es. Ich rebellierte. Ich lief anderen Göttern nach (lange Zeit besuchte ich die andere Kirche auf der anderen Seite der Stadt, weil ich den Pfarrer dort drüben viel lieber mochte). Mein Vater litt unter dieser Eigensinnigkeit, und wir kämpften; so argumentierten wir, ich versuchte, ihn in der Theologie zu übertrumpfen, mehr zu wissen und es besser zu wissen. Und auf seinem Sterbebett wurden wir versöhnt, wie nach dem Motto "durch seinen Tod sind wir geheilt". Am Ende kamen Sühne, Versöhnung und Frieden zwischen ihm und mir zustande. Und jetzt habe ich das starke Gefühl, dass er im Himmel ist, dass er dort oben zur rechten Hand oder selbst im Grossen Sessel sitzt, zumindest irgendwo da oben jemandem predigt... Der ganze biblische Mythos lebt in meiner Psyche. Ich bin überzeugt, dass ich, wenn ich sterbe und in den Himmel komme und Gott von Angesicht zu Angesicht gegenüberstehe, mich dabei wiederfinde, weil ich in das Gesicht meines Vaters schaue.

So funktionieren Archetypen. Sie schaffen ein Feld der Ansprechbarkeit, in dem die erste Person ("ich") ein wesentlicher Bestandteil und die zweite Person ("du") der andere wesentliche Bestandteil ist. Dieses Feld beeinflusst beide und induziert bestimmte Gefühle, Verhaltensmuster und typische Reaktionen. Es entsteht eine sorgfältig gemusterte Beziehung. Der zugrunde liegende Archetyp beeinflusst und verändert beide. Der Vater-Archetyp stellt ein Feld dar, in dem eine Person zum Sohn und die andere zum Vater wird.

Was wir hier betrachten wollen, sind bestimmte Merkmale im archetypischen Muster der Väterlichkeit. Wir wollen die Psychologie dieses archetypischen Musters untersuchen.

Ich unterscheide zwischen archetypischen Bildern auf der einen Seite und archetypischen Handlungen und Gesten auf der anderen Seite. Mit "Vatergesten", Gesten des Bevaterns, meine ich alles, von der Körpersprache bis hin zu inszenierten Aktionen und allen Arten der Anpassung von Verhalten, Kommunikation und Interaktion nach dem Muster, das wir "Väterlichkeit" nennen. Man erfährt das gezeugt werden und das Bevatert-Werden in "Gesten", bevor man ein Bild davon hat. Ein Bild einer Vaterfigur im Mythos, wie Zeus oder Jahwe, ist ein ausgefülltes Porträt mit bestimmten spezifischen und charakteristischen Merkmalen. Diese Bilder enthalten in ihren Zügen etwas vom Archetypus, aber es gibt auch vieles, was kulturell bedingt ist und in einer Periode der Geschichte, die in die Entstehung eines Bildes einfließt, verarbeitet wurde. Ein Vaterbild wird im Laufe der Zeit entwickelt. Es entsteht später in der Entwicklung als die elementaren Gesten und umfasst die "väterlichen Gesten", die ihm vorausgehen. Mit anderen Worten, die Erfahrung geht der Vorstellung voraus. Die Imagination fängt die unbewusste Erfahrung ein und macht sie anschaulich.

Bevaterung kommt durch die Konstellation einer hochemotionalen Bindung zwischen einem Mann und seinem Kind zustande. Väter wählen Kinder aus. Diese Wahl in der Bindung ist insofern irrational, als sie in praktischer oder offensichtlich realistischer Hinsicht keinen Sinn ergeben könnte. Entweder es geschieht oder es geschieht nicht, und die Ursache ist undurchsichtig, ja sogar rätselhaft. Väter wählen ihre Kinder aus, und sie tun es auf irrationale Weise. Diese Wahl basiert nicht auf Überlegungen des Aussehens, des Talents oder der Geburtsreihenfolge. Sie kann auf irgendeiner einer Art unsichtbarer Affinität beruhen. Aber das ist schwer zu bestimmen. Es ist ein Rätsel. Auch der Vater wird durch den Archetyp ausgewählt. Einige Kinder in einer Familie werden stärker ausgewählt als andere, selbst wenn alle geliebt und umsorgt werden. Der Bevorzugte wird es immer wissen, ebenso wie diejenigen, die es nicht sind. Andere werden es auch wissen, weil es sich in vielen abzuleitenden Gesten zeigt. Gegenteilige Gesten - Ablehnung, Beleidigung, Abwendung, Bevorzugung eines anderen - sind nicht die negative Seite des Bevaterns; sie zeigen die Abwesenheit der Bevaterung an. Ablehnung, Desinteresse und Neutralität gehören nicht wesentlich zur Bevaterung. Bevatern ist leidenschaftliches *Tun*, es ist irrational, und eines ihrer Hauptmerkmale ist das Wählen und Gewähltwerden.

Wenn dies zwischen zwei Personen geschieht, bedeutet es "Schicksal". Wenn Vater sagt, dass du auserwählt bist, bleibst du für immer gezeichnet. Und er ist es auch. Es ist ein gemeinsames Schicksal. Dieses Band schafft und sichert eine Zukunft. Es bringt relationalen Zusammenhalt und Loyalität und Liebe und Kampf, die sich in der Geschichte der Familien und Stämme fortsetzen. Wenn wir die Tiefen des Bevaterns auf die archetypische Ebene ausloten, ist die Geste, die wir am charakteristischsten finden, eine, die sagt: «Ich habe dich gewählt; du bist mein Favorit; mehr als alle anderen bevorzuge ich dich.»

Auf diese Weise anerkannt zu werden, ist das, was es bedeutet, einen Vater zu haben. Das Fehlen dieser Erfahrung zeigt sich in all unseren Therapiepraxen, in der unersättlichen Suche unserer Patienten, sozusagen mit allen verfügbaren Mitteln einen Vater zu finden. Es zeigt sich auch in Kultur und Gesellschaft. Für einen Mann schafft die Auswahl durch seinen Vater den Unterschied zwischen Eingebundensein und Ausgeschlossensein, zwischen Verbindlichkeit und Wegdriften. Die grundlegende Bedeutung der Bevaterung liegt in der Geste der Wahl, einer irrationalen, leidenschaftlichen, exklusiven Wahl.

Inwiefern unterscheidet sich dies von der archetypischen Geste des Bemutterns?

Der Unterschied liegt nicht darin, dass die eine grundlegender oder tiefgründiger ist als die andere. Er ergibt sich vielmehr aus der Tatsache, dass die Mutterschaft damit beginnt, dass die Kinder zunächst im Körper getragen werden, während Väter die Kinder zunächst als "andere" erleben. Väterliche Gesten finden nach der Geburt oder später in der Kindheit statt. Die wesentliche Geste des "Bemutterns" kommt einem Akt der Eigenliebe viel näher als einem Akt der Fremdliebe. Es handelt sich also nicht um eine Geste, bei der es darum geht, einen unter anderen zu wählen. Es ist eine

Form der Selbst-Affirmation. Eine Mutter vollzieht ihre wesentliche Geste, indem sie ihr eigenes Wesen bekräftigt, von dem ein Teil nun in Form eines Kindes aufgekeimt ist. Die Liebe einer Mutter gleicht daher viel eher einer Verschmelzung, einer engen Intimität und einer Identifikation, während die Liebe eines Vaters die Getrenntheit anerkennt und aus einer Bindung zwischen zwei Individuen besteht.

Zwei: Die Gesten der Gesetzgebung und der Aufrechterhaltung des Gesetzes

Im vorigen Abschnitt habe ich mich auf die "Wahl" als elementare Geste der Bevaterung konzentriert. Von einem Vater gewählt zu werden bedeutet, von ihm gegenüber anderen bevorzugt zu werden, insbesondere gegenüber stammesfremden Außenseitern und familienfremden Kindern. Auch innerhalb von Familien gibt es Präferenz und Status. Einige Kinder werden den anderen vorgezogen, auch wenn der Vater vielleicht recht unparteiisch ist und nicht die Absicht hat, eine solche Bevorzugung zu zeigen. Es ist fast unvermeidlich, dass einige Kinder sich durch die Gunst, die dem besonderen Kind entgegengebracht wird, benachteiligt fühlen, und ein Großteil der Rivalität zwischen Geschwistern entspringt dieser Wahrnehmung.

Die biblische Geschichte von Joseph und seinen Brüdern ist ein klassisches Beispiel. Obwohl Jakob alle Kinder liebte, erhielt nur Joseph ein Kleid in vielen Farben. Von da an betrachteten ihn die Brüder in den Augen ihres Vaters als besonders und bevorzugt. Joseph war der jüngste der Brüder, und seine privilegierte Stellung schuf eine gewisse Inflation und führte dazu, dass er sich rühmte und die Gefühle seiner Brüder nicht berücksichtigte. Dies wiederum führte zu ihrem Versuch, seine Anwesenheit aus der Familie auszuschließen. Ströme von Neid und Hass wirbeln unweigerlich um das Vater-Kind-Band des Privilegs. In diesem Vortrag werde ich eine zweite elementare Geste des Bevaterns betrachten: die Gesetzgebung und die Aufrechterhaltung des Gesetzes. Der Vater ist die Quelle des expliziten Rechts, archetypisch gesprochen. Er ist ein Gesetzgeber. Es gibt natürlich auch das Muttergesetz, das eine Art stillschweigendes Verständnis von Urwerten ist, während das Vatergesetz explizit und in klaren Geboten und schriftlichen Dokumenten nieder- geschrieben ist. Das Vaterrecht ist nichts, was man erraten oder intuitiv verstehen muss. Man kann die Regeln in Gesetzbüchern und Kodizes nachschlagen.

Archetypische Bilder, wie die großen mytholo- gischen Figuren, die wir als Vatergötter kennen, enthalten ein Konglomerat aus einer Reihe von elementaren Gesten, die kodifiziert und in spezifische Formen gebracht wurden. Die Gesten selbst sind

jedoch elementarer. Sie sind unwillkürliche Ausdrucks-
formen des Instinkts, wie z.B. das Zwinkern mit den
Augen, wenn etwas droht, sie zu treffen. Sie sind
Reflexreaktionen, grundlegende Verhaltensmuster.
Väter können nicht anders, als ihre Kinder den
Nachbarskindern vorzuziehen oder Regeln und
Gesetze aufzustellen, und wie bei allen instinktiven
Impulsen will man sie ab einem bestimmten Punkt
nicht mehr aufhalten.

Die Vatergeste des Gesetzgebers ist so. Väter
tun es, weil es grundsätzlich zum Muster des Bevaterns
gehört. Sie ist instinktiv. Väter schaffen Grenzen und
fordern Gehorsam. Mehr noch, in späteren Entwicklungsstadien enthalten sie das Element der
Objektivität: Gesetze sollen um ihrer selbst willen
befolgt werden und nicht nur, um dem Vater zu
gefallen. Gehorsam gegenüber dem Gesetz ist ein
eigenständiger Wert, egal ob jemand da ist, um solche
Gehorsamshandlungen zu beobachten, durchzu-
setzen oder zu loben. Er wird zu einer Frage des
Gewissens und der Integrität. Logos wird ins Spiel
gebracht. Und dies führt zu Ethik als einem rationalen
Akt der Diskriminierung und der Wahl zwischen
möglichen Handlungen und zu einer Art Gewissen, die
das Rechtssystem der Kultur transzendiert.

Wenn wir das Thema Gewissen in der Psycho-
logie aufgreifen, kommt uns schnell Freuds Theorie des
Über-Ichs in den Sinn. Als Freud seine psychologische
Topografie schuf und den mentalen Kosmos in drei

Teile - Es, Ich und Über-Ich - teilte, befasste er sich mit den Themen Recht versus Impulsivität und Kultur versus Natur. Das Es ist die rohe, instinktive Natur, das Über-Ich ist das Gesetz des Vaters, das durch seinen Willen durchgesetzt wird, und das Ego muss zwischen diesen beiden großartigen Kräften navigieren. Jung kommentierte das Über-Ich, mit dem Freud Jahwe in seine psychologische Theorie eingeschrieben habe. Jahwe ist der biblische Gesetzgeber, der seine Regeln in Stein gemeißelt hat und seinen Propheten Moses bittet, sie dem unzüchtigen auserwählten Volk aufzuzwingen. Das Über-Ich ist die psychologische Instanz, die für das Gesetz gegen impulsive instinktive Befriedigung, Inzestwunsch, Ausschweifung und zügellose Sexualität steht. Das Über-Ich ist ein innerer Sprecher für das Gesetz des Vaters. Es ist die Instanz, die verhindert, dass wir gesetzlos werden, wenn wir nicht mehr unter der direkten Aufsicht des Vaters stehen. Freud verstand das Über-Ich als das Ergebnis des ödipalen Kampfes mit dem Vater. Als Bild des kastrationsbedrohlichen Vaters fordert das Über-Ich die Gefolgschaft des Egos gegen die Verführungen des Es und droht mit gewaltsamer Bestrafung, wenn dies nicht anerkannt wird. Während das Gesetz seinen Ursprung beim Vater hatte, war es am Ende tief in der Innenwelt des Sohnes verankert. Dieser Konflikt zwischen Gesetz und Instinkt und die Strategien, die das Ego anwendet, um ihn zu lösen und ein gewisses Maß an instinktiver Befriedigung zu erlangen, wenn auch in sublimierter Form, erzeugen sowohl die Zivilisation als auch ihre Unzufriedenheit.

Nach Freuds Theorie besteht die Rolle des Vaters im Leben des Kindes darin, die Erschaffung des Über-Ichs herbeizuführen. Das Über-Ich ist jedoch nicht einfach das verinnerlichte Vaterbild, so dass seine Existenz nicht von der An- oder Abwesenheit des Vaters im Leben des jungen Sohnes abhängt. Das Über-Ich ist oft viel härter und anspruchsvoller, als es der reale Vater je war. Das Über-Ich wird sozusagen vom Vater "konstelliert" und ist nicht einfach ein innerer Repräsentant seiner tatsächlichen Realität. Seine Energiequelle liegt im Unbewussten, in dem "Trieb", den Freud Thanatos, den Todestrieb, genannt hat, der dem Eros, dem Lebenstrieb, gegenübersteht. Das wahrhaftigste Bild des Über-Ichs ist also nicht der persönliche Vater, sondern eher so etwas wie eine Hades-Figur oder ein innerer dämonischer Todes-Dealer. Durch die gesetzgebende Geste des Vaters wird dieser Akteur konstelliert und tritt in der Innenwelt des Individuums in Erscheinung. Die Drohgebärde des Vaters ruft ihn hervor.

Jung hatte eine ganz andere Meinung zur Frage nach dem Ursprung und Zweck des Gewissens. Für Jung ist das Gesetz vom Beginn des Lebens an auf einer archetypischen Ebene in der Psyche geschrieben. Die Rolle des Vaters bestehe darin, es durch seine Geste des Gesetzgebens im Leben eines Menschen ins Leben zu rufen. Auf einer ersten Ebene verstärkt der

Vater mit seinen Gesetzen den Druck, sich den familiären Sitten und kulturellen Normen anzupassen. Ein junges, unentwickeltes Ego wird diesen Druck als tyrannisch und brutal empfinden. Dies ist die Zeit des "schrecklichen Vaters". Ein späteres und reiferes Ego wird diesen Druck immer noch spüren, aber in der Lage sein, ihm zu widerstehen oder ihn zu relativieren. Der Druck der Persona, d.h. der Drang, sich gesellschaftlichen Normen anzupassen, hat eine Quelle in den Tiefen der Psyche, da die Anpassung der Persona Teil der Überlebensfähigkeit des Individuums ist und daher archetypisch verwurzelt ist. Die Spiegelneuronen spielen eine wichtige Rolle, daher beginnt es sehr früh.

In einem frühen Stadium der Ich-Entwicklung, wie dem des vierjährigen Kindes, hätte Jung Freud zugestimmt, dass der "kastrierende Vater" und das Gefühl der moralischen Pflicht und die Angst vor dem Tod durchaus zusammenkommen und in einer todbringenden Vaterfigur dargestellt werden können. Und in regressiven Ich-Zuständen im Erwachsenenalter, die in Krisensituationen entstehen, kann dies auch wieder der Fall sein. Aber was das Gewissen später für den integrierten, hochfunktionalen, sich individuierenden Menschen ist, ist etwas ganz anderes. Hier können wir von einem im Selbst geschriebenen Rechtsgefühl und vom individuellen Gewissen als der Stimme des Selbst sprechen.

Entwicklungsgemäß ist der Ort des Gesetz-
gebers zunächst "da draußen" in der Elternfigur, dem
Vater; dann findet man ihn "da drinnen", als Über-Ich,
als Vertreter kollektiver Werte und getrieben von
zerstörerischer Eindringlichkeit und Angst; und schlie-
ßlich entdecken wir das Gewissen in der "objektiven
Psyche" als Stimme des Selbst, wiederum eine Nicht-
Ich-Agentur, aber eine, die nicht auf die kollektiven
Forderungen und Erwartungen der Gesellschaft,
Familie oder Kultur beschränkt ist.

Die elementare Geste des Gesetzgebens im
archetypischen Muster der Vaterschaft wird durch die
Massivität der elterlichen Macht verstärkt und wirksam
gemacht. Ein Elternteil verfügt nicht nur aufgrund
seiner Größe und seines Alters über dieses enorme
Maß an Macht, sondern auch, weil sie durch die
archetypische Übertragung eines Kindes auf den
Elternteil gewährt wird. Das Kind und der Elternteil
sind von einem archetypischen Feld umgeben, und
der Elternteil wird von diesem Feld in hohem Maße
ebenso kontrolliert wie das Kind. Die Vaterfigur ist eine
"*Imago*", die mit einer Dynamik aufgeladen ist, die wir
nicht einem einzelnen Menschen zuschreiben können.
Die Macht des Archetyps wird nicht von unseren
bewussten Egos kontrolliert. Wir sind ihm zu Diensten
und ihm in unerwartetem Maße ausgeliefert. Es
besteht die Gefahr, dass man eine unbewusste
Identität mit dem Archetyp bildet. Je mehr sich ein
Vater mit dem Archetyp identifiziert, desto un-

bewusster und unverantwortlicher, ja psychotischer werden er und sein Kind sein.

Sowohl Väter als auch ihre Kinder werden von der Macht des Archetyps beherrscht, beide können sich mit ihm identifizieren, und beide können aufgrund dieser Identifikation "psychotisch" werden und seine elementaren Gesten inszenieren. Bis zu einem gewissen Grad ist dies jedoch genau das, was menschlich notwendig ist: Kinder brauchen Väter, und Väter brauchen Kinder. Kinder brauchen Väter, um ihnen "alles" abzuverlangen; Väter brauchen Kinder, um sie zu fordern. Wenn der Archetyp konstelliert wird und sie beansprucht, werden die Väter in die Rolle des Gesetzgebers gehoben, und die Kinder werden in diesen Gesetzen gehalten. Es handelt sich um eine gegenseitige Provokation, und darin finden wir die elementaren Merkmale der Vaterschaft.

Eines der einzigartigen Merkmale des Menschseins ist das fast völlige Fehlen instinktiver Verhaltenskontrollen.

Statt strenger instinktiver Kontrollen, die das Verhalten starr lenken, haben Menschen Kultur. Was uns die Evolution an absolutem instinktivem Wissen darüber geraubt hat, wie wir uns in bestimmten Situationen oder im Leben allgemein verhalten sollen, hat sie uns an Lernfähigkeit zurückgegeben. Aber diese Freiheit von der Bindung an den Instinkt schafft auch das besonders menschliche existenzielle Problem der Wahlfreiheit. Unser Verhalten, unsere Einstellungen und unsere Antworten müssen durch Lernerfahrungen strukturiert werden; man muss uns in erstaunlich hohem Maße sagen, was wir tun und wonach wir suchen sollen und was wir mögen und was nicht. Als Tiere sind wir nicht sehr gut "verdrahtet". Die neuronale Verkabelung wird später und anders vorgenommen. Jung sagte irgendwo, dass Tiere von Natur aus fromm sind; sie folgen natürlich und automatisch dem Gesetz ihrer Natur. Löwen jagen und töten Wild; Katzen jagen Mäuse; Vögel jagen und bauen Nester. Aber der Mensch muss erst mal Frömmigkeit lernen.

Nehmen wir den Vater: Die Natur hat Väter erfunden, um fehlende Instinkte zu ersetzen. Väter müssen daher lehren, leiten und einen Weg entlang der noch unstrukturierten Synapsen machen. Die Gegenwart eines Kindes provoziert den Vater zum Tun, zum Gesetzgeber und damit zum Schöpfer von Kultur. Das Gesetz selbst wird zum Lehrer, zum Hüter und zum Führer für menschliche Werte und Verhaltensweisen. Das Gesetz springt für die fehlenden Instinkte ein. Das Gesetz wird vom Vater gegeben und unterstützt, und es ist eine elementare Geste des Bevaterns, das Gesetz zu erlassen und auf seiner Aufrechterhaltung zu bestehen. Selbst dann, wenn das Gesetz dem Eigeninteresse zuwiderläuft und manchmal sogar, wenn das Recht seiner irrationalen Bindung an sein Kind entgegensteht.

Ein Mann, der in seinem Vatersein psychotisch ist, irrational und völlig besessen von den Ansprüchen dieses Archetyps auf sein Ego, wird seinen Kindern das Gesetz mit der vollen Wucht seiner Position "zu ihrem eigenen Wohl" auferlegen. Und psychotisch besessene Kinder werden auf diese Geste reagieren, als ob sie von Gott gegeben wäre. Sie werden das Aufstellen des Gesetzes und seine harte Durchsetzung als Gesten der Zeugung und Fürsorge genießen. Dieser Akt der pflichtgemäßen Unterwerfung unter den Willen des Vaters ist das, was es menschlich bedeutet, fromm zu sein. "Seinen Göttern und seinen Eltern gegenüber pflichtbewusst sein", sagt Partridge's Origins über die Italische Wurzel dieses Wortes "fromm". Im alten Italien wissen wir, dass Frömmigkeit eine Frage von Leben und Tod war, denn der *pater familias* konnte seinen Kindern die Todesstrafe auferlegen, wenn sie seinem Willen nicht gehorchten.

Das Gesetz steht an der Stelle des Testaments des Vaters, wenn der Vater nicht anwesend ist. Wenn ein Mann die väterliche Geste der Gesetzgebung macht, drückt er damit seinen Willen aus. Im positiven Sinne dient das Gesetz, das er erlässt, als Richtschnur für das Verhalten und als erzieherisches Instrument; im negativen Sinne wird es zur Tyrannei des väterlichen Willens über seine Kinder, indem es sie zwingt, seinem Willen zu gehorchen, anstatt ihren eigenen Willen zu erweitern. Das Gesetz schneidet in beide Richtungen, ermöglicht menschliches soziales Funktionieren und verletzt die menschliche Freiheit und Autonomie. Das

Gesetz des Vaters ist sowohl ein Beschützer und Wegweiser als auch ein Aufseher und Tyrann.

Wenn sich die Gesetzgebung des Vaters ins Negative wendet, starr und zerstörerisch wird und nur noch als Willkür und Machthunger empfunden wird, wird diese Geste von der gesunden Person heftig zurückgewiesen und bekämpft werden. Der Kampf zwischen dem *Puer* und dem *Senex* entbrennt, denn nun sind der Vater und sein Sohn in die Arena eines Kampfes um den richtigen Verstand eingetreten.

Es ist viel über den Puer-Senex-Kampf geschrieben worden. Ich selbst habe darüber in einem Aufsatz mit dem Titel "Der verschlingende Vater" geschrieben, in dem ich einige der groben und subtileren Arten beschrieben habe, in denen der Geist des Vaters den autonomen Geist des Kindes fesselt und untergräbt und das Wachstum eines persönlichen Gewissenserwerbs als Stimme des Selbst hemmt. Uranus, Kronos und Zeus zeigen alle die Angst des Vaters vor der Macht ihrer Söhne, und jeder von ihnen versucht, seine Kraft einzusetzen, um die unvermeidliche Revolution zu verhindern oder hinauszuzögern. Es ist dem archetypischen Grundmuster eingeschrieben, dass Söhne ihre Väter überholen und überwinden und sogar ihre Messer an den Schwertern ihres Vaters wetzen. Dieser Kampf hat viele Ebenen, die von der physischen bis zur spirituellen reichen. Und vielleicht ist die letzte Herausforderung das Gesetz des Vaters und die Rechtsstaatlichkeit selbst. Als Jesus die

Endgültigkeit des mosaischen Gesetzes und all seine legalistischen Verzweigungen in Frage stellte, war dies die ultimative Geste des kindlichen Sohnes, der sich von der Dominanz des Senex-Vaters befreite, und durch diese Revolution das Gewissen des Einzelnen als obersten Schiedsrichter des Verhaltens zu etablieren. "Der Sabbat wurde für den Menschen gemacht, nicht der Mensch für den Sabbat" ist eine Art zu sagen: "Der Vater wurde für den Sohn geschaffen, nicht der Sohn für den Vater." Die Nützlichkeit eines Vaters ist irgendwann überflüssig geworden bei seinen Kindern, da diese über ihr Bedürfnis nach Bevaterung hinausgewachsen sind. Jeder Vater spürt auf einer bestimmten Ebene die Gefahr, dass er überflüssig wird.

Um einen Moment jenseits des Sturzes des Gesetzes und der Autorität und Position des Vaters zu suchen, betrachten wir den gealterten Titan, Saturn, der über seinen Untergang hinaus sich zum weisen Mann des Westens entwickelte. Es gibt einen Zustand der Vaterschaft jenseits der Geste des Gebens von Gesetzen, und dies erfordert ein Eindringen über die Gesetze der Kultur und Gesellschaft hinaus, bis das innere Gesetz das Herz und die Seele regiert. Nach Jungs Verständnis besteht Weisheit darin, die grundlegenden Pfade der archetypischen Muster zu entdecken und den Verstand mehr und mehr an diese anzupassen. Saturn, der gealterte und gestürzte Vater, entwickelt sich weiter, indem er sich den höheren Gesetzen der Göttlichkeit unterwirft, und auf diese

Weise kommt er dazu, das Gesetz jenseits der Gesetze zu vertreten. Auf diese Weise wird der weise alte Mann zum Bild des Selbst und setzt in gewisser Weise die gesetzgebende Geste der Bevaterung fort. Sein Leben, seine Einstellung und seine Achtsamkeit werden ikonisch.

Vielleicht können wir eine grobe Einteilung der Stadien in der Geschichte von Vätern und Kindern in drei Phasen vornehmen:

Die früheste und erste, in der die väterliche Geste des Gesetzgebens auf kindliches Vertrauen und Gehorsam trifft, eine elementare Reaktion des Kindes, das "weiß", dass es die Richtlinien des Gesetzes braucht, weil es keine instinktiven Führer hat; *die mittlere Phase* des Kampfes und des Infragestellens, des Umsturzes und der Revolution, des *senex-puer* Konfliktes und des Strebens der Nachkommen nach Autonomie und persönlichem Einklang; *und eine letzte Phase* der Versöhnung und der Ehrfurcht vor der Weisheit der Vorfahren, in der das Gesetz und der Wille des Vaters nicht mehr personifiziert, sondern archetypisch werden.

Jede dieser Phasen ist in ihrer spezifischen Weise wichtig, und ein Vater kann auf verschiedene Weise gut oder schlecht abschneiden. Wir müssen für die Bevaterung ein Äquivalent zu D.W. Winnicotts Begriff der "genügend guten Bemutterung" entwickeln. Eine ausreichend gute Bevaterung würde den Fallstrick des Perfektionismus vermeiden, aber auf den grundlegenden Gesten bestehen, die rechtzeitig und phasenangemessen gemacht werden.

Die Geste des Bevorzugens und Wählens ist grundlegend für eine ausreichend gute Vaterschaft, und sie legt den Grundstein für eine starke emotionale Beziehung zwischen Vater und Kind. Der Vater kann hier scheitern, indem er die Bindung ablehnt oder die Macht missbraucht, die sie ihm verleiht. Das mit dieser Geste verbundene Körperorgan ist das Herz. Die Geste des Gebens ist ebenso grundlegend, kommt aber erst später. Diese Geste schafft den Kontext des Schutzes der Nachkommenschaft, ihrer Erziehung und kulturellen Anleitung, der Erleichterung ihres Eintritts in die größere soziale Welt.

Hier wird die Geste der Bevaterung zu einer Brücke aus dem Familiennest heraus. Väter können hier grundsätzlich in zweierlei Hinsicht versagen: Entweder sie personifizieren das Recht zu sehr und machen es zum Synonym ihres persönlichen Willens und schaffen damit Machtkonflikte, oder sie brechen ihr Versprechen und sind abwesend, wodurch sie ein Vakuum in der Familie und damit im Verhaltensrepertoire ihrer Kinder hinterlassen (sie haben keine Brücke nach aussen und sind daher weitgehend "auf sich allein gestellt"). Die gute Erziehung in Bezug auf diese Geste des Gebens von Gesetzen liegt zwischen diesen Extremen: die Geste zu machen, aber nicht zu persönlich und nicht zu streng, und Raum für Autonomie innerhalb grundlegender, fest gehaltener Regeln für das Leben zu lassen.

Drei: Die Geste des Kreierens.

In den elementaren Gesten des Wählens und Gesetzgebens sehen wir väterliche Handlungen der Liebe und des Gebots. Ich möchte unsere Aufmerksamkeit nun auf das Handeln der Generation lenken, auf die väterliche Geste, die wir als "Schöpfung", als "Kreation" bezeichnen können. Wenn in entwicklungsgeschichtlicher Hinsicht die Geste des Wählens normalerweise die ersten Blicke des Vaters auf seine Nachkommen und deren Bindung an sie begleitet und die Geste des Gesetzgebens die späteren Phasen der Strukturierung des heranwachsenden Kindes, geht die Geste des Kreierens beiden voraus, im ursprünglichen Akt des Koitus zwischen Mutter und Vater. Hier möchte ich diesen Akt des Koitus nicht im Sinne von sexueller Lust und Befriedigung oder erotischer Paarung betrachten, sondern als eine Geste des urtümlichen zeugenden Erschaffens.

Alle großen Vatergötter sind enorm produktiv und kreativ. Die auserwählten Kinder Jahwes werden so zahlreich sein wie der Sand am Meer, wie man uns sagt; die Nachkommen des Zeus sind zahlreich. Andere Mythologien betonen in ähnlicher Weise die schöpferischen Gesten der Vatergötter. Aus dem Vater strömen Scharen von Samen wie der Regen, die die Erde befruchten und sie produktiv machen. Wir wissen um das Schicksal der Könige in der Antike, deren Land trocken und unfruchtbar wurde. James G. Frazier hat in seinem "Golden Bough" (der Goldene Zweig) die Auszugsriten dokumentiert, die an diesen unglücklichen Führern vollzogen wurden, als eine Dürrezeit über ihr Land hereinbrach. Ein unfruchtbarer Vater kann den Glauben seiner Familie in Zeiten von Schwierigkeiten und Not nicht aufrechterhalten. In seiner Fruchtbarkeit sehen wir seine Potenz, und es ist diese Potenz, die die Projektionen anzieht, die er braucht, um seine Vormachtstellung aufrechtzuerhalten.

Erinnern Sie sich an Jungs frühen Kindheitstraum vom unterirdischen Phallus. Der Junge betrat einen unterirdischen Raum und entdeckte dort hinter einem grünen Vorhang einen riesigen Phallus. Er glich einem Baumstamm, zwölf Fuß hoch und zwei Fuß dick. Er war aus Fleisch und hatte oben auf dem Kopf ein einziges Auge, das stetig nach oben blickte.

«Es herrschte aber über dem Kopf eine gewisse Helligkeit. Das Ding bewegte sich nicht, jedoch hatte ich das Gefühl, als ob es jeden Augenblick wurmartig von seinem Throne herunterkommen und auf mich zukriechen könnte. Vor Angst war ich wie gelähmt. In diesem unerträglichen Augenblick hörte ich plötzlich meiner Mutter Stimme wie von aussen und oben, welche rief: "Ja, schau ihn dir nur an. Das ist der Menschenfresser!" Da bekam ich einen Höllenschrecken und erwachte schwitzend vor Angst.»[17]

Aniela Jaffé hebt in ihrem Klassiker "Die kreativen Phasen von Jungs Leben" besonders die Bedeutung dieses Traums aus Jungs früher Kindheit hervor. Sie sieht darin sein erstes Bewusstsein für seinen schöpferischen Daimon, eine Kraft, die sein ganzes Leben lang mit kreativen Ideen und Visionen kraftvoll ausbrechen würde. Wir können in dieser archetypischen Traumfigur auch das Bild des Phallus des Gottvaters, seiner Zeugungskraft, erkennen. Der unterirdische Phallus ist gefährlich: "Das ist der Menschenfresser", sagt seine Mutter im Traum. Der Phallus ist nicht nur ein Menschenmacher, sondern er kann auch ein Menschenfresser sein, ein verschlingender Vater. Im psychologischen Sinne würde das Auffressen durch den Phallus bedeuten, sich mit der numinosen Kraft, die er repräsentiert, zu identifizieren. Dies würde durch die Identifikation mit mächtigen Gedanken- und Gefühlsinhalten einen Zustand der Inflation herbeiführen. In Jungs Leben war dies eine mehr oder weniger anhaltende Gefahr. Da er dem Unbewussten und seinen schöpferischen Energien so nahe war, wurde er gelegentlich von daimonischer Kreativität überwältigt. Dies sei sowohl ein Fluch als

---

[17] C.G. Jung, Erinnerungen, Träume, Gedanken, 1961, S. 18ff., aufgezeichnet und herausgegeben von Aniela Jaffé

auch ein Segen, sagte er. Der Daimon würde in solchen Episoden wie der Komposition von Antwort auf Hiob ausbrechen, die Jung nach eigenen Angaben im Laufe einiger Tage in fiebrigem Zustand schrieb, während er sich von einer Krankheit erholte.

Bilder der unpersönlichen Zeugung durch die Vatergötter sind in der Mythologie weit verbreitet. Danae, die Mutter des Perseus, wird zum Beispiel von Zeus in Form eines Goldregens geschwängert; der Schoß der Jungfrau Maria wird unsichtbar vom Heiligen Geist, einem Aspekt des unsichtbaren Vater-Gottes, zum Leben erweckt; Leda wurde von Zeus genommen, der in Form eines Schwans zu ihr kam, und Europa vom Vatergott in Form eines Stiers.

Die elementare "bevaternde" Geste des Zeugens, um die es hier geht, d.h. der Fortpflanzung, kommt in einer Vielzahl von Bildern vor, die von der Urszene des elterlichen Beischlafs bis zu den Feinheiten der spirituellen Inspiration reichen.

Wir sind im Allgemeinen so daran gewöhnt, Sex als ein Mittel intensiven Vergnügens oder als einen Akt der intimen Paarung und Bindung zu betrachten, dass wir ein anderes, ebenso wichtiges Merkmal des Geschlechtsverkehrs vernachlässigen: die Fortpflanzung.

Dies mag wie eine ziemlich veraltete Vorstellung erscheinen: Der Zweck des Geschlechtsverkehrs besteht darin, Kinder zu machen, Seelen in die Welt zu setzen. Biologisch betrachtet ist dies jedoch die korrekteste Erklärung für die Existenz von Sex *in natura*. Die Natur hat uns Sex nicht gegeben, um Spaß zu haben; wir haben Spaß am Sex, damit wir motiviert werden, Babys zu zeugen. Viele Männer werden von der Natur ausgetrickst, damit sie Väter werden, wenn das vielleicht das Letzte ist, woran sie denken, während sie die Freude an ihrer Sexualität genießen. Es kann einem Mann jedoch ein Gefühl des Stolzes und der Erfüllung geben, wenn er verkündet: "Ich habe ein Kind gezeugt!" Einige werden stolz darauf sein, ihre Freunde sagen zu hören: "Er hat eine große Familie gezeugt." Am Anfang einer Liebesbeziehung ist oft die Rede davon, dass eine Frau einem Mann ein Kind schenkt oder dass er ihr seine Kinder schenkt. Diese Fantasie zwischen Liebenden, Kinder zu kriegen, dient dazu, sie auf ihre zukünftige Elternschaft vorzubereiten.

Die Geste der Bevaterung beginnt in einer Fantasie, und durch diese Geste wird die Genlinie weitergeführt. Die Bevaterung beginnt, wie wir sehen, bevor es Kinder gibt. Es gibt eine Phantasie von Kindern, aber noch keine wirklichen Kinder. Es ist diese Kinderphantasie, die die väterliche Geste der Kreation, der Zeugung, anregt, die Phantasie der nachfolgenden Generationen, der Vaterschaft zu einem Stamm, einer Sippe, einem Königreich. Für den Mann im Zeugungsmodus ist der Akt der Abtreibung ein Anathema, denn er zerstört seine Geste.

Vier: Die Gesten des Versorgens, Schützens, Überbrückens, Opferns

Ich will Sie an die Gesten erinnern, über die wir bisher diskutiert haben, und auch an die Gründe, warum ich diesen Begriff *"Geste"* verwende. Ich begann damit, dass wir, beim Diskutieren der Psychologie der Archetypen, von elementaren psychischen Fakten und Mustern sprechen. Ich glaube, dass diese elementaren Tatsachen zuerst auf der Ebene von Körper und Verhalten auftauchen, bevor sie das Bewusstsein als Bild erreichen. Das archetypische Bild ist ein sekundäres Produkt und als solches lässt es entweder Teile des Archetyps an sich weg oder kontaminiert das, was wir als reine archetypische Form denken könnten, mit einer kulturell *und* persönlich gemischten Bedeutung.

Jung betrachtete den Archetyp als eine Art Kant'sches «Ding an sich», eine Realität, die wir nicht erleben oder wahrnehmen oder konzipieren könnten, etwas direkt Gottähnliches.

Ich habe den Ansatz gewählt, dass wir uns dieser Realität nähern könnten, indem wir grundlegende menschliche Gesten beobachten, in diesem Fall jene, die wir als **väterliche Gesten** bezeichnen können. Zweifellos ist meine Vorstellung von diesen Gesten auch durch meine persönliche Erfahrung und durch kulturelle Gewohnheiten und Formen kontaminiert. Dennoch gehe ich davon aus, dass das, was durch die Kultur und die persönlichen Einflusssphären begrenzt ist, später durch Vergleiche mit anderen Kulturen und den Vaterschaftserfahrungen anderer Personen geklärt werden kann.

In der Theorie sind die Archetypen ein Teil der menschlichen Grundausstattung und als solche mit dem verwandt, was Jung auch als Instinkte bezeichnet hat. Wie ich bereits sagte, sind die Instinkte im Menschen nicht sehr präzise. Was die Natur anderen Spezies an instinktiven Hinweisen und Wegen für ein angemessenes Verhalten bietet, bietet die Kultur dem Menschen. So wird die Elternschaft zu einer sehr komplexen und erzieherischen Funktion in der menschlichen Spezies. Es wäre jedoch ein Fehler, sich ganz von der Vorstellung zu entfernen, dass es Instinkte gibt und dass sie eine Rolle für das menschliche Funktionieren spielen. Es ist nur so, dass sich die Instinkte im Menschen auf unbestimmte und unklare Weise manifestieren, und deshalb ist es notwendig, die Ebenen der menschlichen Funktionsweise sorgfältig zu beachten.

Wir können also an eine Ebene denken, die archetypisch-instinktiv ist, die aber von kulturellen und persönlichen Schichten umgeben oder von diesen überdeckt ist. Wenn ich von den Gesten des Bevaterns spreche, versuche ich, durch die Ebenen bis zu den Bruchstücken dieser menschlichen Aktivität, die man Zeugung nennt, hinunterzutauchen, um die elementaren, instinktiven Fragmente zu untersuchen, aus denen die Individuen ihren eigenen Stil des Zeugens entwickeln.

Wir könnten uns fragen: Welchen praktischen Nutzen hat es, dies zu tun und zu versuchen, die Ebenen des einen oder anderen Aspekts des menschlichen Verhaltens zu erkennen? Während dies als Selbstzweck, wie das Bewusstwerden, betrachtet werden kann, gibt es vielleicht einen praktischeren Zweck. Der praktische Wert des Wissens über die archetypischen Muster besteht darin, eine Anleitung zu erhalten, um wahrhaftiger das zu werden, wer und was wir im Grunde sind, um ein authentischeres Leben als Mensch zu führen.

Die Natur kann uns helfen, indem sie die einseitigen Zwänge der Kultur ausgleicht. Die Natur hat etwas Normatives über das menschliche Verhalten zu sagen. Man kann nicht alles der Bildung und Kultur überlassen. Die Natur setzt der Kultur Grenzen, auch wenn sie Raum für bewusste Entscheidungen und die konsequente Weiterentwicklung der Kultur zulässt. Aber eine Archetypenpsychologie, oder besser gesagt, eine Psychologie der Archetypen, ist ein Rückruf auf das Wesentliche, auf die Natur und auf die grundlegenden Regeln des normativen menschlichen Funktionierens.

Es ist vielleicht eine Ironie der Natur, dass, wenn wir uns erst einmal aus dem Griff der archetypischen Muster und Instinkte gelöst und uns die Rechte und Vorrechte der menschlichen Freiheit angeeignet und damit der Kultur ein großes Maß an Autorität und Freiheit über die Natur gewährt haben, der einzige Weg zurück zur Kenntnis der archetypischen Basis durch bewusste Aneignung und Umerziehung führt.

Wir sind gezwungen, über die von der Kultur bereitgestellten Kanäle zur Natur zurückzukehren. Diese Rückkehr zur Natur ist das, was ich unter Paul Ricoeurs *"second naiveté"* verstehe. Es ist dieser Weg zurück zur Natur, den Jung in seiner Psychologie der Archetypen den entfremdeten modernen Frauen und Männern anbietet.

Ich habe argumentiert, dass die Bevaterung einen elementaren Grundriss hat, der in einem archetypischen Muster verwurzelt ist, und dass wir diese elementare Form in den verschiedenen Gesten erkennen können, die der Vaterschaft eigen sind oder für sie charakteristisch sind. Ich verbinde jede dieser Gesten mit Körper und physischen Handlungen. Dies ist notwendig, um die Vaterschaft aus der Geste der Wahl, durch die ein Vater an sein Kind, oft ein Lieblingskind, gebunden ist, wieder auf die instinktive Basis zurückzubringen. Ein Vater zieht instinktiv seine eigenen Kinder den anderen vor. Das ist sein Herz. Das begünstigte Kind antwortet darauf mit Hingabe und Liebe zum Vater.

Die zweite Geste, von der ich sprach, war die gesetzgebende und gesetzesbewahrende, mit der ein Vater seinen Nachkommen Struktur und Verhaltensform gibt.

Mit dieser Geste nutzt ein Vater seine physische, moralische und spirituelle Autorität über seine Kinder, um kulturelle Kohärenz herzustellen. Das ist sein Kopf. Das Kind antwortet auf diese Geste mit Gehorsam. Die dritte diskutierte Geste war die Schöpfung. Der Vater ist ein Schöpfer und soll daher am Ursprung des Lebens verortet werden. Dies ist sein Phallus. Mit dieser Geste beginnt ein Vater die Dinge, sowohl biologisch als auch psychologisch, indem er Bewegung, Aktivität und Expansion erzeugt. Die Kinder reagieren mit Bewunderung und versuchen, die Kreativität des Vaters in ihrem eigenen Leben nachzuahmen.

In diesem letzten Kapital möchte ich mich auf eine Reihe von vier verwandten Gesten beziehen, die meiner Meinung nach ebenfalls Aspekte des Kernprozesses im Archetyp der Zeugung sind. Diese Serie läuft wie folgt ab: bereitstellen, schützen, überbrücken und opfern. Der mit diesen Gesten verbundene Körperteil ist die Hand.

Die komplexe Geste, die ich jetzt als vier diskrete Instanzen beschreibe, kam in einer Handlung meines Vaters zusammen, als ich etwa vier Jahre alt war. Mein Vater war ein begeisterter Gärtner, und in jenem Jahr übertraf seine Ernte unsere Bedürfnisse bei weitem. Ich half ihm im Garten, indem ich stolz meinen roten Wagen durch die Gemüsereihen zog und die Produkte darin einsammelte. Irgendwann sagte er mir, wenn ich meinen Wagen über den Bürgersteig unserer

Kleinstadt zum örtlichen Lebensmittelgeschäft ziehen würde, könnte ich das Gemüse vielleicht verkaufen und etwas Geld verdienen. Ich machte mich also auf den Weg in diese Richtung, und während ich meinen beladenen Wagen mit großer Vorfreude die Straße hinunterzog, rief er den Lebensmittelhändler an und veranlasste, dass er mir die Produkte abkaufte. Ich kam beschwingt nach Hause und zeigte ihm das Geld, das ich als Bezahlung erhalten hatte. Am nächsten Tag brachte er mich zur Bank, und wir eröffneten ein Sparkonto. Das war meine Einführung in das Unternehmertum und die Investitionstätigkeit.

Bei dieser seiner Handlung kann ich eine Reihe von vier Gesten unterscheiden, von denen ich spreche: Er lieferte (das Gemüse, die Ideen, das Know-how); er schützte (indem er voraustelefonierte, indem er den Erfolg bei diesem ersten Mal auf eigene Faust sicherte); er überbrückte (hinaus in die Welt, aus dem Haus auf den weiteren Marktplatz); und er opferte (indem er den Gewinn selbst aufgab - er musste sogar den Lebensmittelhändler bezahlen! und, was noch wichtiger ist, indem er mich auf eigene Faust losgehen ließ und mich nicht begleitete). Das Ziel dieser komplexen Aktion ist es, das Gefühl der Autonomie und des Selbstvertrauens des Kindes in der Welt zu stärken. Auf diese Weise hilft der Vater seinen Kindern, eine Brücke zu schlagen aus der behüteten und relativ eingeschlossenen Welt der Mutter in die weitere Welt des Vaters, die von Risiken und Erkundungen geprägt ist.

Zuerst finden wir die Geste der Bereitstellung. Die Versorgung gehört zur Elternschaft, und Mutter und Vater können die Aufgaben nach kulturellen Gewohnheiten oder privaten Vereinbarungen aufteilen, aber beide sind der Aktivität verpflichtet. Denken Sie an das Verhalten anderer Lebewesen, zum Beispiel der Vögel. Die Gesten der Männchen beginnen während der Inkubationszeit der Eizellen - (auf den Menschen bezogen: der Schwangerschaft.) Das Männchen sammelt Vorräte für den Haushalt, wenn das Weibchen nicht in der Lage ist, dies zu tun. Wenn die Jungen geboren werden, holt das Männchen Nahrung für die ganze Familie. Bei der menschlichen Spezies löst die Schwangerschaft der Frau beim väterlichen Mann eine Reaktion aus, die ihn in die Richtung der Versorgung mit den lebensnotwendigen Dingen führt. Wenn der Mann gesund ist und sich ausreichend von seiner Mutter getrennt hat, wird er sich nicht mit der schwangeren Frau identifizieren, indem er auch körperlich geschwächt und unfähig ist, zu funktionieren, sondern er wird aktiviert und übernimmt die Funktion der Versorgung.

Er wird für seine schwangere Ehefrau zu einer Art elterlicher Präsenz, die ihr die Befriedigung ihrer oralen Sehnsüchte, Komfort und Sicherheit sowie emotionale Unterstützung und Stabilität bietet. Ist der Archetyp der Vaterschaft konstelliert, wird sich der Mann an seiner Fähigkeit messen, diese Bedürfnisse für seine Ehefrau und seine Familie zu befriedigen. Ein stolzer Vater ist jemand, der in der Lage war, für die Bedürfnisse seiner Familie angemessen zu sorgen.

Der Drang, für die Kinder zu sorgen, kann bei Männern eine pathologische Überentwicklung auslösen und tut dies auch oft. Ihre Vorstellung von Selbstwert wird völlig an die Fantasie der Versorgung ihrer Kinder angeglichen, so dass sie die Perspektive auf das, was ihre Kinder tatsächlich brauchen, völlig verlieren. Es bleiben Millionen von Dollar in Treuhandfonds für Kinder übrig, die durchaus in der Lage sind, ihren eigenen Lebensunterhalt zu verdienen, oder die es ohne Treuhandfonds schaffen würden. Diese "Trusts" dienen dazu, mehr für des Vaters Geste der Versorgung seiner Nachkommen zu sorgen als für die Bedürfnisse seiner Kinder.

Die Geste der Bereitstellung wird nicht ausreichend mit den anderen drei Gesten, die zu diesem Cluster gehören, in Kontakt gebracht.

Die zweite Geste ist schützend. Ich stelle sie an die zweite Stelle, aber nicht, weil sie keine Priorität hat. Der Schutz der Jungen ist eine Geste, die oft eher den Müttern als den Vätern zugeschrieben wird, wie wir zum Beispiel im Fall der Bärin sehen, die ihre Jungen schützt. Im menschlichen Bereich wird diese Geste beim Mann sehr kraftvoll eingesetzt, wenn seine Familie und sein Nachwuchs bedroht werden. Typischerweise sind es Männer, die das Territorium eines Stammes oder einer Nation verteidigen. In der Antike bildeten die militärischen Helden die edle Klasse und wurden unter den Vätern der Nation geehrt. George Washington ist eine solche Figur in der amerikanischen Geschichte. Als militärischer Held wird er als "der Vater seines Landes" bezeichnet.

Menschliche Eltern schützen ihre Jungen instinktiv, und das gilt für Väter nicht weniger als für Mütter. Dieses schützende Verhalten und diese Haltung wird bei einem Mann dann auf den Plan gerufen, wenn seine Familie sich an ihn wendet. Dem kann sich ein junger Mann widersetzen, wenn er die Last der Verantwortung spürt, die mit der Wahl einer Frau und der Gründung einer Familie verbunden ist. Von dem Mann wird erwartet, dass er in der gefährlichen Welt der Hypothekenzahlungen und Steuern für seine Familie sorgt, und wir halten einen Vater nur dann für geeignet, wenn er seiner Familie tatsächlich Schutz vor den finanziellen und sozialen Wechselfällen des Lebens bietet.

Es ist die Kombination dieser beiden Gesten - Versorgen und Schützen -, die zur Schaffung der Strukturen des "Patriarchats" beiträgt. Im Patriarchat hat der Vater die Position der Dominanz innerhalb der Familie inne, und seine Gesten des Versorgens und Beschützens werden über ähnliche Gesten der Mutter hinaus hervorgehoben. Die Versorgung des täglichen Lebens und die Sicherheit in der Welt hängen von der Stärke des Armes des Vaters ab, und es wird zur Pflicht von Frau und Kindern, ihm zu helfen, seine Kraft und Stärke zu erhalten, da das Wohlergehen aller von ihm abhängt. In einer solchen Gesellschaftsordnung obliegt es dem Mann, diese Gesten der Versorgung und des Schutzes nach besten Kräften zu vollziehen. Es bleibt ihm kaum eine andere Wahl, als dies zu tun, wenn er in der Gesellschaftsordnung eine respektvolle Position einnehmen will.

Unter diesen Umständen wird ein Mann erst dann als reif angesehen, wenn er den Status eines Hausbesitzers und Familienoberhaupts erreicht hat. Seine Gesten des Versorgens und Beschützens sind Signale seiner Reife als Mann. Aus patriarchalischer Sicht ist es unvorstellbar, dass ein Mann im Leben angemessen reift, wenn er keine Familie hat, die ihn versorgt und beschützt.

Die beiden nächsten Gesten in dieser Serie, von denen ich sprechen werde, laufen nun in gewisser Weise gegenläufig zu den soeben beschriebenen. Überbrücken und opfern kann so sein, dass sie dem Versorgen und Schützen zuwiderläuft. Versorgen und Schützen dienen, wenn man es auf die Spitze treibt, dazu, die Kinder in die Mauern des Haushalts einzuschließen und ihnen das Gefühl zu geben, dass sie ohne Papa in der Welt nicht überleben können (Überbehütung). Sie werden hungrig und Angriffen ausgesetzt sein, wenn er nicht auf seinem Posten ist. Dieses Gefühl der Abhängigkeit vom Vater bildet den Rahmen für die psychologische Gefangenschaft im Patriarchat.

Ein solch radikales Vertrauen auf die wahrgenommene Macht und den Einflusskreis des Vaters schliesst seine Kinder ein und hält sie gefangen. Einige Väter wünschen sich das natürlich. Brückenbildung und Opfer kompensieren diesen paternalistischen Effekt und bilden ein Kontinuum, das diese beiden Gesten vervollständigt und ihre Botschaft repräsentiert. Diese vier Gesten sind vier Momente oder Punkte entlang einer einzigen Linie der ausreichend guten Vaterschaft (good-enough fathering).

Überdrücken (*Bridging*) ermöglicht den Zugang zur öffentlichen Welt außerhalb der Familie, in der Wirtschaft, Religion und Politik stattfinden. In den frühen Lebensphasen bedeutet Vorsorgen Füttern und Erziehen, und das tut der Vater nicht direkt mit der Brust, wie es die Mutter tut, sondern auf vielen indirekten Wegen: indem er den Speck nach Hause bringt, beim Füttern der Babys hilft und indem er kuschelt und spielt. Dies sind Aufgaben, die der Vater in der ersten Lebensphase seines Kindes erfüllt. Die früheste Erinnerung einer meiner Analysandinnen, damals eine Frau Anfang dreißig, war das Einschlafen auf der Brust des Vaters, während er auf dem Boden des Wohnzimmers ausgestreckt war. Ihr Kopf war in seinem starken Nacken eingebettet. Diese Präsenz des Vaters im Herzen des Familienlebens erzeugte später das Gefühl des Kindes, dass er derjenige ist, der hinausgeht und zurückkommt und den Duft der Außenwelt mit ins Haus bringt. Und das ist so, weil er draussen war und sicher zurückgekommen ist. Und weil er rausgegangen ist und sicher immer wieder zurückkommt, entsteht die Überzeugung, dass seine Kinder ihm folgen können, sicher im Glauben, dass er die Welt mit nach Hause in die Familie bringt, und dass auch Mutter sicher ist. Ohne diese Brücke ist die Außenwelt zu gefährlich, um sie zu betreten, und die Kinder werden es nicht wagen, das Nest zu verlassen.

Eines der Probleme, die sich in unserer Zeit aufgrund der Entfernung zwischen Arbeitswelt und Heimwelt entwickeln können, besteht darin, dass der Vater zu weit weg in der Welt von zu Hause entfernt ist, so dass er seine Arbeitswelt nicht an die Welt der Kinder zu Hause vermittelt. Wenn der Vater früh weggeht, spät zurückkehrt, am Wochenende arbeitet, geschäftlich reist und in einer Umgebung arbeitet, die der Familie völlig fremd und *terra incognito* ist, haben die Kinder keine Brücke zur Außenwelt, die er bewohnt. Seine Position in der Welt ist radikal von seiner Rolle zu Hause und in der Familie abgespalten. Die Brückenfiguren sind dann vielleicht Schullehrer, mit dem Ergebnis, dass die Kinder vielleicht danach streben, Lehrer zu werden, weil das die Außenwelt ist, die sie kennen. Die Schule ist jedoch mehr oder weniger eine Erweiterung der Familie, und die "reale Welt" dort draußen bleibt ein feindliches Rätsel. Der Vater, der zu dieser Welt gehört, ist auch eine rätselhafte, fremde Präsenz, anonym für seine Familie und unfähig, selbst wenn er es will, die überbrückende Geste für seine Kinder zu machen.

Angenommen, die Überbrückungsgeste wird gemacht und funktioniert, dann gibt es noch eine letzte Geste des Bevaterns: das Opfern. Man könnte dies als eine Geste des Abschieds betrachten. Ich denke an meinen Vater, der mich zum Lebensmittelhändler schickte, und sehe ihn vor unserem großen weißen Haus stehen und mir zusehen, wie ich meinen mit Gemüse beladenen roten Wagen die Straße hinunter und außer Sichtweite bringe. Ich denke jetzt: Wie klug von ihm, nicht mitzukommen. Aber mir wird auch klar, wie schwer es für ihn gewesen sein muss, nicht mitzukommen und mich den unbekannten anderen allein treffen zu lassen. Aber das Kind muss dem Fremden begegnen, und es muss mit dem Fremden und mit der Fremdheit des Lebens ohne die ständige, wachsame, schützende Gegenwart des Vaters umgehen lernen. In dieser Geste der Begegnung des Kindes mit der Realität opfert der Vater sein patriarchalisches Festhalten. So wie Moses zuschaute, wie die Kinder Israels den Jordan überqueren und sich in die Bedrohung und die Verheißung eines neuen Landes hineinwinden, muss der Vater seine Kinder dem Leben und ihrem eigenen Schicksal überlassen.

Das steht so sehr im Widerspruch zu den Gesten, die er früher gemacht hat - er hat sich dafür entschieden -, dass man es als ein Opus contra naturam betrachten kann. In diesem Moment opfert der Vater seine väterlichen Interessen zugunsten des getrennten Wohlergehens seiner Kinder.

Offensichtlich ist das Timing alles. Und diese Geste muss, wie alle anderen auch, während des gesamten Vaterschaftsprozesses in vielen kleinen Schritten erfolgen. Es wäre auch nicht "gut genug", seine Kinder plötzlich, voreilig, ohne Vorbereitung und

Warnung von sich abzuschneiden, nur weil sie jetzt "alt genug" sind, um sich für sich selbst zu wehren.

Sie müssen in der Lage sein zu fliegen, bevor er sie aus dem Nest stößt. Und sie müssen in der Lage gewesen sein, auf viele kleine Arten zu fliegen, bevor sie den großen Flug in die volle Unabhängigkeit machen. Der Prozess der Freisetzung von Kindern ins Leben und in ihr eigenes Schicksal beginnt im Kleinkindalter und setzt sich über die Kindheit und Jugend fort. Wenn ein Vater sich einmischt und eine Aufgabe für ein Kind übernimmt, das diese Aufgabe für sich selbst erledigen kann, blockiert er seine Individuation. Wenn andererseits ein Vater nicht die unterstützenden Gesten der Vaterschaft macht, wenn ein Kind eine notwendige Aufgabe nicht allein erfüllen kann, unabhängig vom Alter oder Entwicklungsstand des Kindes, untergräbt das ebenfalls die Individuation. Von einem Vater, der bereit ist, die Geste der Opferbereitschaft zu machen, wird ein Gefühl für den richtigen Zeitpunkt und das Verständnis für die Fähigkeiten des Kindes sowie für die Größe und Schwierigkeit der Lebensaufgabe verlangt.

Ich werde immer dankbar sein, dass mein Vater mir erlaubt hat, dem Lebensmittelhändler allein gegenüberzutreten.

www.ingramcontent.com/pod-product-compliance
Lightning Source LLC
Chambersburg PA
CBHW020705270326
41928CB00005B/273